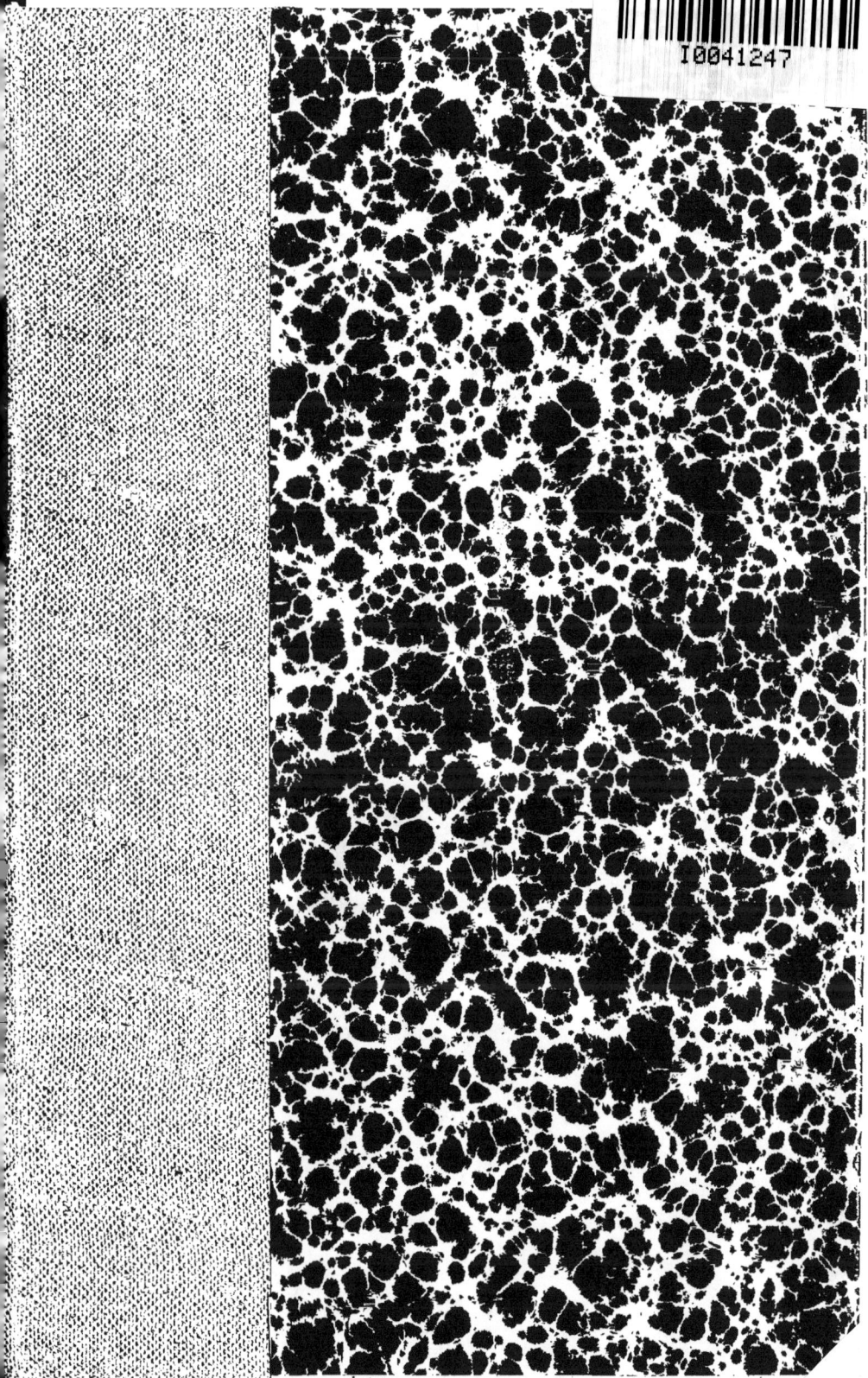

ÉTUDE

SUR

LE DROIT DES GENS MARIÉS

DANS

Les Coutumes d'Amiens

PAR

Eugène SAGUEZ

*Non est bonum hominem
esse solum, faciamus adjutorium
simile sibi.*

Genèse, chap. II

AMIENS

IMPRIMERIE YVERT & TELLIER

37, Rue des Jacobins et rue des Trois-Cailloux, 52.

1903

ETUDE

LE DROIT DES GENS MARIÉS

DANS

LES COUTUMES D'AMIENS

1501

8F

14556

ÉTUDE

SUR

LE DROIT DES GENS MARIÉS

DANS

Les Coutumes d'Amiens

PAR

Eugène SAGUEZ

*Non est bonum hominem
esse solum, faciamus adjutorium
simile sibi.*

Genèse, chap. II

AMIENS

IMPRIMERIE YVERT & TELLIER

37, Rue des Jacobins et rue des Trois-Cailloux, 52.

1903

TABLE DES MATIÈRES

CHAPITRE PREMIER

Le Droit des Gens Mariés dans la Charte et les Anciens Usages d'Amiens

I. *La Puissance maritale. — Condition de la Femme mariée.*

Pourquoi il n'y a rien dans la Charte sur l'autorité maritale. — Discussion sur le mot *baron* — Rôle de la Femme dans les actes. — Documents du xiie et du xiiie siècle.

L'autorité maritale dans les Statuts municipaux d'Amiens. — Théorie éparse dans les textes. — Le mari *seigneur, baron* et *avoué* de la femme. — Influence des textes des Livres saints. — Conclusion.

II. *La Communauté de Biens entre époux à Amiens, au* XIII° *siècle.*

A. Formation et composition de la Communauté

1° **Actif.**

Distinction des biens : héritages, acquêts, meubles et cateux. — Emprunts à Beaumanoir.

2° **Passif.**

Dettes antérieures au mariage

Dettes nées des délits de la femme. — Qui les supportera.

B. Administration et Dissolution de la Communauté

Le Conquêt est plutôt un propre par moitié qu'un bien de Communauté. — Pas de système de récompenses. — Pas de traces de Velléien. — Renonciations fréquentes au droit romain.

Partage par moitié s'il n'y a pas d'enfants. — Division en trois parts des acquêts et des meubles si des enfants sont nés du mariage. — Conclusion.

III. *Le Douaire au* XIII° *siècle.*

Section 1re. — Le Douaire de la Femme.

Origines et définition du Douaire.

Le Douaire dans la Charte d'Amiens — Document du XII° siècle.

Le Douaire à Amiens au XIII° siècle n'est que conventionnel.

A quel moment est-il acquis à la femme. — Délai pour le constituer.

Assiette du douaire. — Douaire établi sur les biens propres de la femme.

Nature du Douaire.

Compétence en matière de Douaire.

Section IIe. — Le Douaire des Enfants

Définition.

Droits des parents pendant leur vie sur le douaire des enfants.

Droits des enfants. — Ils peuvent s'opposer à l'aliénation.

Règles spéciales pour le cas où le père se remarie.

CHAPITRE DEUXIÈME

───

Le Droit des Gens Mariés dans la Coutume générale du Bailliage d'Amiens

I. *Autorité Maritale.*

La femme en « perpétuelle tutelle ».
Autorisation nécessaire. -- Cas où elle n'est pas obligatoire.
Responsabilité des crimes et délits.
La femme associée inférieure.

II. *La Communauté de Biens entre Epoux.*

Textes peu nombreux. -- Commentaires suffisants.

A. Composition Active et Passive

Le Conquêt de Communauté.
Dettes mobilières antérieures au mariage.
Dettes délictuelles des époux.
Le Remploi. — L'hypothèque légale.

B. Administration de la Communauté. Role des Epoux

Pouvoirs du mari : « Seigneur et maître ».

C. Dissolution et liquidation de la Communauté

1° Acceptation et Partage

Partage des meubles et conquêts. — Théorie des récompenses. — Rachat d'une rente grevant un propre.

2° Renonciation a la Communauté

Mesures de protection établies en faveur de la femme.
Délai accordé à la femme pour renoncer.
Droits de la femme renonçante. — Préciput légal et conventionnel.
La femme s'obligeant avec le mari. — Renonciations au Velléien.
Séparation de biens — Régime exclusif de Communauté.
Application de la formule excessive : *Uxor non est proprie socia, sed speratur fore.*

III. *Le Douaire.*

CHAPITRE TROISIÈME

QUELQUES PARTICULARITÉS DU DROIT DES GENS MARIÉS DANS LES COUTUMES LOCALES DU BAILLIAGE D'AMIENS

PIÈCES JUSTIFICATIVES ANNEXÉES

1º Charte de Raoul, comte d'Amiens (1069).

2º Donation par Gérard de Daours au monastère de Saint-Denis d'Amiens, *in prato* (1148).

3º Donation par Jean Iᵉʳ, comte de Ponthieu, et Guy son frère, à l'abbaye de Saint-Jean-les-Amiens (1155).

4º Donation par Philippe d'Alsace, comte d'Amiens, du consentement de sa femme Isabelle, à l'abbaye de Saint-Jean-les-Amiens (1161).

5º Vente de Douaire devant l'Officialité d'Amiens ; compensation accordée à la femme (1231).

6º Vente de Douaire (1231).

7º Vente et renonciations au Velléien (1365).

8º Vente du fief de Rouveroy à l'abbaye du Gard (1289).

9º Testament de Jeanne, reine de Castille et de Léon, comtesse de Ponthieu de Montreuil et d'Aumâle (1276).

10º Vente à l'Echevinage d'Amiens de *l'Hôtel des Cloquiers* (1316).

11º Contrat de mariage de Robert d'Ailly et de Marguerite de Picquigny (1342).

12º Testament de Jean de Saint-Quentin, bourgeois d'Amiens (1386), suivi de la vente d'une partie de ses biens, par Isabelle de Blandain, son épouse (1389).

13º Contrat de mariage de Pierre Grenet et de Marie Obré (1714).

14º Contrat de mariage de François Perache et de Marie Baillet (1751).

BIBLIOGRAPHIE

ARCHIVES DU DÉPARTEMENT DE LA SOMME.

ARCHIVES COMMUNALES DE LA VILLE D'AMIENS.

BEAUMANOIR. — Coutumes de Clermont-en-Beauvaisis publiées par Salmon. Paris, 1899-1900.

DE BEAUVILLÉ. — Documents inédits concernant la Picardie. Imprimerie nationale, 1860-1881.

BOUTHORS. — Coutumes locales du Bailliage d'Amiens, rédigées en 1507, publiées dès 1845 par les soins de la Société des Antiquaires de Picardie.

DE CALONNE. — Histoire de la Ville d'Amiens. Amiens, 1899, 2 volumes.

A. CHÉRUEL. — Histoire de l'administration monarchique en France. Paris, 1885.

DE FERRIÈRE. — Dictionnaire de droit et de pratique. Paris, 1762, 2 vol. in-4°.

PAUL FOURNIER. — Les Officialités au Moyen Age. Paris, 1888.

DU FRESNE. — Commentaires sur la Coutume du Bailliage d'Amiens. Paris, 1662.

LA GRANDE ENCYCLOPÉDIE, Inventaire raisonné des sciences, des lettres et des arts.

DE HEU. — Commentaires de la Coutume d'Amiens. Paris, 1722.

LEFEBVRE. — Leçons d'introduction générale à l'histoire du droit matrimonial en France. Paris, 1900.

LE LIVRE DE JOSTICE ET DE PLET.

LOYSEL. — Institutes coutumières.

A. LUCHAIRE. — Manuel des Institutions françaises. Paris 1892.

REVUE HISTORIQUE DU DROIT FRANÇAIS. 1900.

AUGUSTIN THIERRY. — Monuments inédits pour servir à l'histoire du Tiers-Etat. Paris, 1850, 4 volumes.

VIOLLET. — Précis de l'histoire du droit français.

ERRATUM :

Page 16, 1re ligne : lire *communale* au lieu de *commerciale*.

INTRODUCTION

Pendant plus de six siècles l'Eglise posséda sur le mariage une juridiction exclusive et légiféra seule ; à partir du Xe siècle son pouvoir disciplinaire sur les fidèles va sans cesse grandissant et finit par supplanter le pouvoir civil (1); pour le mariage, c'est elle qui formule, avec le Droit Canon, tous les empêchements pour raison d'âge, d'alliance, de parenté, d'état, d'honnêteté publique, etc..... ; c'est elle qui en réglemente la conclusion et les cérémonies de la célébration, rudimentaires avant le Concile de Trente ; c'est aussi devant l'Officialité, tribunal ecclésiastique, que se tranchent toutes les questions de validité ou de nullité d'un acte qui n'était considéré, au moyen âge, que comme un sacrement : en un mot, le mariage envisagé comme lien unissant les époux était de la compétence exclusive des gens d'Eglise.

Mais à partir du XVIe siècle s'ouvre une ère de réaction et le pouvoir civil reconquiert peu à peu le terrain qu'il

---

(1) ESMEIN. Le Mariage en droit canonique, t. I, chap. I.

avait perdu, l'autorité ecclésiastique en est réduite aux questions purement religieuses, les rois reprennent leur action législative sur le mariage : le Concile de Trente et les Ordonnances royales, parallèlement, se livrent à l'envi à la réglementation de cette institution.

Enfin, les légistes défendaient avec acharnement depuis des siècles des positions péniblement maintenues ; mais « par l'homogénéité de leurs interprétations, par la lente « progression de leur jurisprudence, ils arrivèrent au but « qu'ils s'étaient proposé, à la réintégration de la justice « civile sous le patronage de l'autorité royale. Dans leur « résistance aux juges d'Eglise, ils avaient sur leurs adver- « saires un avantage immense, celui de plaider la cause de « l'équité et de la raison, sans aucune préoccupation d'es- « prit de caste ou d'intérêt personnel. Leur respect pour la « religion se concilia très bien avec la défense des principes « qu'ils s'efforçaient de faire triompher. Il ne les empêcha « pas de faire restreindre les prétentions du clergé toutes « les fois qu'elles leur parurent exorbitantes ou inadmis- « sibles ». (1)

Cependant, malgré l'influence énorme de l'Eglise au moyen âge, les tribunaux laïques avaient toujours conservé la connaissance des intérêts pécuniaires qui naissent du mariage ; c'est à peine si les juges d'Eglise s'occupaient du douaire de la veuve dans quelques rares régions.

Mais l'autorité du mari, la validité des contrats passés par les époux, le paiement de leurs dettes, résultat de leurs engagements ou de leurs délits, l'administration des biens communs, leur partage, le douaire de la veuve et des enfants, toutes ces situations qui devinrent vers le XVIᵉ siècle le Droit des Gens Mariés, avaient toujours été réglementées par la coutume écrite ou non, et défendues énergiquement par la Doctrine et les juristes contre les empiétements des Officialités : en ces matières, les juges d'Eglise se heur-

---

(1) Bouthors. Coutumes locales du Bailliage d'Amiens, rédigées en 1507, tome 2, p. 48.

tèrent à une résistance opiniâtre qui finit par les vaincre eux-mêmes.

C'est du Droit des Gens Mariés, débarrassé de toute idée de conflit entre les pouvoirs civil et ecclésiastique, que nous devons parler ici ; du Droit des Gens Mariés, c'est-à-dire des seuls intérêts pécuniaires des conjoints, des droits et de la capacité de chacun, de l'administration de leurs biens ; du Droit des Gens Mariés, abstraction faite du mariage lui-même et du lien qui unit les époux.

Mais il eût été au-dessus de nos forces et en dehors du but que nous sommes proposé, d'entreprendre un travail sur les institutions matrimoniales coutumières en général ; nous avons préféré nous en tenir à l'explication et à la glose des coutumes d'une seule région, et nous avons choisi les Coutumes d'Amiens (1).

Les Institutions coutumières de la ville d'Amiens sont de la plus grande importance : elles contiennent une législation originale, et assez complète, du Droit des Gens Mariés ; mais jusqu'alors l'idée n'est venue à personne d'étudier spécialement cette partie intéressante de nos anciennes Coutumes Picardes, (celle-ci pas plus qu'une autre, d'ailleurs) et d'en faire une de ces monographies locales qui facilitent singulièrement l'édification des théories et des systèmes plus généraux.

Nous n'avons pas craint d'aborder cette étude ingrate et trop dédaignée et, aux reproches que pourront nous attirer notre insuffisance et notre témérité, nous répondrons que nous n'avons été guidés que par une seule mais forte et vivifiante pensée : l'amour passionné du pays natal et de son histoire.

_____

(1) Il nous a semblé que ce travail serait pour nous le complément, bien modeste, il est vrai, des belles leçons de M. Lefebvre, sur l'histoire du Droit matrimonial en France.

NOTIONS HISTORIQUES

ET

GÉOGRAPHIQUES

La Charte et les Anciens Usages d'Amiens

Les Coutumes du Bailliage

Le mouvement insurrectionnel d'où sont sorties les
Communes libres du nord de la France fut très violent à
Amiens au XII⁰ siècle ; notre ville a subi, une des premières,
la contagion de l'exemple donné par d'autres cités voisines.

« Une même pensée, dit Augustin Thierry (1), plane, pour
« ainsi dire, celle de ramener au régime public de la cité
« tout ce qui est tombé par abus ou vivait par coutume sous
« le régime privé du domaine. Cette pensée féconde ne

---

(1) Augustin Thierry, Monuments pour servir à l'histoire du Tiers-Etat,
tome I. Introd. p. 24.

« devait pas s'arrêter aux bornes d'une révolution muni-
« cipale ; en elle était le germe d'une série de révolutions
« destinées à renverser de fond en comble la société féodale
« et à faire disparaître jusqu'à ses moindres vestiges. Nous
« sommes ici à l'origine sociale des temps modernes. C'est
« dans les villes affranchies ou plutôt régénérées, qu'appa-
« raissent sous une grande variété de formes plus ou moins
« libres, plus ou moins parfaites, les premières manifes-
« tations de son caractère. Là, se développent et se conser-
« vent des institutions qui doivent un jour cesser d'être
« locales et entrer dans le droit politique ou le droit civil du
« pays. Par les chartes des communes et les statuts munici-
« paux, la loi écrite reprend son empire ; l'administration,
« dont la pratique s'est perdue, renaît dans toutes les villes,
« et ces expériences de tous genres, qui se répètent chaque
« jour dans une foule de lieux différents, servent d'exemple
« et de leçon à l'État. La bourgeoisie, nation nouvelle, dont
« les mœurs sont l'égalité civile et l'indépendance dans le
« travail, s'élève contre la noblesse et le servage, et détruit
« pour jamais la dualité sociale des premiers temps féodaux ».

A Amiens, les bourgeois, devenus très influents par l'orga
nisation puissante de leurs corporations et par l'extension
considérable de leur commerce, ont résolu de secouer le
joug des comtes et de mettre un terme aux vexations conti-
nuelles de leur administration.

Enguerran de Boves, sire de Coucy et comte d'Amiens,
voit se tourner contre lui la haine et la fureur populaires
depuis longtemps amassées.

L'association jurée des bourgeois trouva un puissant
appui dans la personne de l'évêque ; « la puissance de celui-ci
« dans les affaires civiles était de beaucoup inférieure à celle
« du comte, dit M. de Calonne, (1) et son droit de juridiction,
« restreint aux domaines propres de l'Église, ne laissait pas
« que d'être menacé par les empiètements d'un pouvoir
« rival ».

Du reste, on peut constater partout la lutte ouverte entre

(1) DE CALONNE. Histoire de la Ville d'Amiens, tome I, p. 126.

le seigneur laïque et le seigneur ecclésiastique, bien avant les premières tentatives communalistes ; « la commune surgis-« sant au milieu de ces démêlés, dit M. Luchaire (1), le baron « s'empressa naturellement, malgré ses répugnances pour « le vilain, d'utiliser contre l'ennemi commun, c'est-à-dire « contre le seigneur d'Eglise, cette force nouvelle, cet « auxiliaire inattendu ».

A Amiens, ce fut au contraire l'inverse qui se produisit : la puissance du comte vit se dresser contre elle les forces populaires jointes à celles de l'évêque, qui, plus faible que le seigneur laïque et « craignant peut-être d'être un jour victime de ses excès de pouvoir » (2), devint facilement un ennemi.

L'évêque Geoffroy que l'Eglise a mis au nombre de ses saints était un homme de mœurs austères, mais « habitué de bonne heure à la pratique des affaires religieuses et civiles » (3). Il comprit assez vite tout le profit que sa propre autorité et celle de l'Eglise pourraient retirer du mouvement insurrectionnel qui s'ébauchait et il engagea immédiatement la lutte.

Les hostilités durèrent deux ans : l'objectif des bourgeois était la prise d'une tour énorme, « construite dans de colossales proportions, semblable à celles bien connues de Coucy et de Château-Gaillard » ; une faible garnison suffisait à la défendre.

Adam, châtelain d'Amiens et vassal d'Enguerran, s'était enfermé dans la forteresse et repoussait bravement tous les assauts.

D'autre part, les attaques répétées du comte qui envahissait la ville et les sorties de la garnison du Castillon caussaient des pertes nombreuses dans les rangs des bourgeois, facilement découragés. On se prit à murmurer contre l'évêque : ses collègues de l'épiscopat ne se font pas faute de critiquer sa conduite ; Guibert de Nogent lui reproche d'avoir

(1) LUCHAIRE, Manuel des Institutions de l'ancienne France, p. 425.
(2) DE CALONNE, Hist. d'Amiens, t. I, p. 128.
(3) Ibid., p. 132.

déchaîné les passions populaires, « d'avoir cédé à un premier mouvement d'enthousiasme pour des doctrines nouvelles. ».

L'âme brisée, « se demandant s'il ne fait pas fausse route à la tête de ce peuple dont il a encouragé les revendications » (1), l'évêque Geoffroy se retire au monastère de Cluny, puis dans celui de la Chartreuse, près de Grenoble.

Il n'en revient que sur l'ordre d'un concile provincial réuni à Beauvais ; l'évêque implore alors le secours du roi Louis VI qu'il n'a pas de peine à convaincre sur l'opportunité d'une intervention ; mais les troupes royales elles-mêmes se heurtent à une résistance désespérée : la forteresse est inexpugnable !

Le siège est alors converti en un blocus qui dura deux ans (1115-1117). Après la capitulation, le Castillon fut rasé de fond en comble par ordre du roi. Le comté d'Amiens fut enlevé à la maison de Boves pour le restituer à la maison de Vermandois.

Les revendications bourgeoises, soumises à l'approbation des nouveaux titulaires, furent, après la victoire, l'objet d'un contrat formel passé entre eux et la commune, avec approbation du roi.

« La transformation des bourgeois assujettis en bourgeois « indépendants étant un fait anormal, exceptionnel, une « dérogation au droit commun, il fallait qu'elle fût consa- « crée par un titre. Ce titre..., ce pacte fondamental et « constitutif, c'est la charte de commune (2). »

La charte originale d'Amiens a disparu ; on n'en possède que les lettres confirmatives données par Philippe-Auguste à l'époque de la réunion du comté à la couronne (1185), mais « ces lettres reproduisent, sauf de légères modifications le « texte accepté en 1117 par le comte vaincu et humilié (3) ».

Les premières rédactions de la charte sont en latin, mais de bonne heure elle fut traduite en langue vulgaire pour l'usage des bourgeois et des gens de l'évêque et du chapitre : elle se compose de 52 articles et les dispositions les

(1) DE CALONNE, op. cit., t. I, p. 135.
(2) DE CALONNE, op. cit., t. I, p. 147.
(3) Ibid, p. 147.

plus diverses du droit civil, du droit pénal et du droit public
y sont énumérées sans aucune méthode. La traduction
rapportée par Augustin Thierry (1) est la plus ancienne ;
c'est toujours à elle que nous emprunterons nos citations.

Au cours de ce travail nous aurons aussi l'occasion de
puiser abondamment dans les anciennes coutumes municipales d'Amiens.

Elles n'ont aucun caractère officiel, mais elles ont reçu
par leur insertion dans les cartulaires de la commune une
sorte d'authenticité.

Augustin Thierry prétend (2), et il donne de bonnes raisons à l'appui de son dire, que la première de nos vieilles
coutumes a été rédigée vers 1210 : elle se compose de
vingt-deux titres ou rubriques diverses, mais les règles du
droit civil et du droit pénal y sont insérées pêle-mêle, sans
aucun ordre. Deux grandes divisions dominent cependant
toutes les autres, intitulées, l'une : *Chi commenche li usages
de la cité d'Amiens et de coi on plaide devant le maieur;*
l'autre : *Chi commenche li usages le prevost, de coi on plaide
pardevant li.*

La seconde coutume est postérieure à celle-ci d'environ
quatre-vingts ans ; on lui assigne une date un peu antérieure à celle de la concession de la prévôté à la commune
d'Amiens par Philippe-le-Bel, c'est-à-dire avant 1292, car
les attributions du prévôt royal sont, dans la vieille coutume,
parfaitement distinctes de celles de l'Echevinage (3).

(1) AUGUSTIN THIERRY, *op. cit.*, t. I, p. 181.

(2) *Ibid.*, t. I, p. 122 : 1° Les nombreuses dispositions relatives au
duel judiciaire que renferme cette pièce autorisent à la croire antérieure
aux Etablissements de St-Louis ; 2° le P. Daire, historien d'Amiens
(XVII° siècle), en cite un court fragment qu'il dit avoir extrait d'un *manuscrit
de l'année 1249, où il est parlé des anciens Usages de la cité d'Amiens;*
3° une notice renfermée dans les papiers de du Cange indique comme faisant partie d'un registre de l'Hôtel-de-Ville d'Amiens, *l'ancienne coustume
d'Amiens* compilée en 1249 *et intitulée "les Usages";* 4° enfin, dans une autre
notice appartenant à la même collection, l'analyse sommaire de la coutume
dont il s'agit est accompagnée de cette phrase : *sur la fin desdis usages est
la date d'un jugement de l'an 1212.*

(3) « Le texte de cette seconde coutume est publié d'après quatre manus-
« crits. Aucun d'eux ne la contient dans son entier et c'est par la réunion

Ces deux anciennes coutumes, écrites dans un style d'une saveur bien picarde, forment un ensemble de 193 articles ; elles se complètent et s'éclairent mutuellement. Nous en extrairons les théories du Droit des Gens Mariés, sans nous occuper des dates différentes de leur rédaction.

Assurément, ces deux vieilles coutumes municipales, contemporaines de l'œuvre de Beaumanoir (1), sont loin d'avoir la valeur juridique de la coutume de Clermont ; il ne faut chercher aucun développement aux formules sèches qui y sont exprimées avec un laconisme parfois déconcertant ; mais « réunies, elles présentent dans tout son développe- « ment, le code des lois municipales qui régit la commune « d'Amiens durant le cours des XIII⁰ et XIV⁰ siècles (2) ».

*
* *

Les rois de France ont toujours entouré Amiens d'une affection particulière : la situation stratégique de cette ville,

« des divers fragments qu'ils en ont conservé, que nous sommes parvenus à « en reconstituer l'ensemble. Le premier de ces manuscrits provient de la « bibliothèque de Bigot et se trouve aujourd'hui à la Bibliothèque Royale : « il date du commencement du XIVᵉ siècle et ne renferme que les soixante « premiers articles de la coutume. Le second et le troisième sont des copies « modernes, l'une de la main de du Cange, l'autre de celle de D. Mongé, « historiographe de Picardie. Enfin le quatrième qui ne date que du XVᵉ siècle, « fait partie de la bibliothèque de M. Dusevel, membre de la Société royale « des Antiquaires de France. » — AUGUSTIN THIERRY, *op. cit.*, p. 151, Bibliothèque Nationale, ms. de du Cange, suppl. franç. (225 E, collect. dom Grenier, 27ᵉ paquet, n° 1).

(1) BEAUMANOIR (Philippe de Remy, sire de), jurisconsulte célèbre du temps de S. Louis, a rédigé les coutumes de Clermont en Beauvoisis vers 1280.

(2) AUGUSTIN THIERRY, *op. cit.*, t. I, p. 121.

sa richesse, son commerce florissant, la rude mais tenace franchise de ses habitants, en faisaient le boulevard du royaume du côté des Flandres.

Philippe-Auguste, habile politique, confirme en 1190 les bourgeois dans les privilèges et les libertés de leur charte.

C'est probablement S. Louis qui établit à Amiens le siège d'un bailliage ; les limites en furent toujours assez mouvantes. D'ailleurs, rien n'a tant changé que l'organisation de cette institution à la fois politique, administrative, militaire et financière.

En matière judiciaire, la compétence des baillis venait après celle des parlements, mais au moyen-âge et jusqu'à l'époque de la rédaction des coutumes, le défaut capital des juridictions baillivales, c'est qu'elles ne s'inspiraient pour ainsi dire d'aucun texte écrit servant de base aux jugements. Pendant trois siècles et plus, quand l'usage non écrit, non rédigé devient obscur, surtout par suite des contestations des plaideurs, on interroge les individus qui peuvent être à même de connaître la coutume ; c'est l'*enquête par turbes*, procédé long et peu sûr.

Il faut arriver aux premières années du XVIe siècle pour voir les rois remédier efficacement à ce déplorable état de choses : des villes comme Amiens, des bourgades importantes possédaient seules des statuts municipaux écrits, applicables seulement dans les limites de leur enceinte et de leur banlieue.

Une refonte consistant dans une rédaction de tous ces usages disparates, assez générale et assez large pour trouver son application dans les limites de tout le bailliage, mais en même temps assez précise, devait être bien venue : l'insuffisance des chartes et coutumes locales n'échappait à personne.

M. Glasson dit que « dès le commencement du XVe siècle « et sans aucune interruption, il se produisit un véritable « mouvement dans le sens d'une rédaction officielle de la « Coutume et le roi Charles VII ne fit que suivre ce mou « vement dans l'ordonnance de 1454 (1) ».

_____

(1) GLASSON, Grande Encyclopédie au mot « Coutume ».

A Amiens, ce n'est que Charles VIII qui ordonna en 1496 la première rédaction de la coutume du Bailliage, opération qui dura plusieurs années et ne fut terminée qu'en 1507.

En 1567, Charles IX fit rédiger une seconde fois les coutumes : il s'agissait plutôt de réformer et de changer certaines décisions un peu archaïques.

Les États du Bailliage convoqués à Amiens au mois de septembre, les opérations de remaniement de la coutume eurent lieu sous la direction de Christophe de Thou, premier président en la Cour du Parlement de Paris, de Barthélemy Faye et Jacques Viole, conseillers au Parlement.

La Coutume générale du Bailliage est composée de 259 articles; il y a encore beaucoup de points obscurs, trop brièvement traités, pour lesquels il faut faire appel à la Coutume de Paris qui semble déjà à cette époque servir de base à toutes les autres.

Les commentaires sont heureusement très suffisants : nous citerons celui d'Adrien de Heu, sieur de Conty, conseiller au Bailliage d'Amiens, qui, vers le milieu du XVIIᵉ siècle, se livra à une savante étude de la coutume : fidèle écho des doctrines et de la jurisprudence de son temps, ses explications viennent combler très à point les lacunes abondantes des textes. On ne peut lui reprocher que ses tendances et son goût trop marqués pour le droit romain et le Digeste qu'il cite à tout propos et hors de propos (1).

Jean du Fresne, qui vient ensuite, ne fait guère que rapporter des arrêts du Parlement de Paris et du Bailliage d'Amiens : il les rattache tant bien que mal aux articles de la Coutume en les encadrant en même temps dans de courts commentaires. Il a sur de Heu le mérite d'être plus clair, moins verbeux, mais il est aussi moins complet. (1662).

Ricard et du Molin ont aussi écrit sur la Coutume d'Amiens comme sur bien d'autres, mais ils n'ont rien dit qui ne fut déjà avancé et proposé par de Heu et par du

---

(1) C'est principalement du commentaire de de Heu que nous nous servirons pour la deuxième partie de ce travail.

Fresne ; nous avons préféré nous en tenir aux explications plus que suffisantes de ces deux savants juristes.

*
* *

La situation géographique du Bailliage d'Amiens est absolument déconcertante ; un pareil morcellement ne peut être que l'effet du hasard ou du caprice. Nous n'avons pu en trouver aucune carte, aucun croquis dans les Archives du département de la Somme ; cependant comme il était utile d'en connaître au moins approximativement la configuration, nous en avons dressé de notre mieux un petit schéma, à l'aide des notices fournies par Bouthors (1)..

Le Bailliage d'Amiens se composait de huit prévôtés dont la compétence en matière civile était très limitée : le prévôt ne connaissait pas des affaires d'une importance supérieure à LX sols parisis (2) ; en appel, toutes les causes venaient au Bailli. La plus importante de ces prévôtés était celle de Beauquesne, qui comprenait Arras et s'étendait presque jusqu'aux portes de Lille.

Mais à côté de la Coutume générale et lui faisant obstacle, se dressait la masse énorme des coutumes locales, particulières à chaque ville, à chaque bourgade, à chaque hameau : on en compte environ 400, rédigées en 1507 : « La dite « Mairie, Prévôté et Echevinage d'Amiens et les dites pré-« votez de Montreuil, Beauquesne, St-Riquier, Doullens, « Fouilloy, Beauvoisis et Vimeu, se gouverneront doréna-« vant selon la Coutume générale dudit Bailliage d'Amiens,

(1) Bouthors, *op. cit.*
(2) Art. ccxxxiv de la Coutume.

SCHÉMA
du
Bailliage d'Amiens en 1507.
divisé en prévôtés

Dressé par E. SAGUEZ

═══ Limites du Bailliage
━━━ Limites des Prévôtés
──── Limites actuelles du
       Département de la Somme.

SÉNÉCHAUSSÉE du PONTHIEU

PRÉVÔTÉ DU VIMEUX

PRÉVÔTÉ DE St RIQUIER

PRÉVÔTÉ DE MONTREUIL

MONTREUIL S/S MER

PRÉVÔTÉ DE BEAUVOISIS

PRÉVÔTÉ DE DOULLENS

PRÉVÔTÉ DE BEAUQUESNE

GOUVERNEMENT DE MONTDIDIER, ET ROYE

PÉRONNE

PRÉVÔTÉ DE FOUILLOY

DISEMONT

GRANDVILLERS

Poix

AMIENS

ABBEVILLE

St RIQUIER

DOULLENS

FRÉVENT

St POL

HOUDAIN

BEAUQUESNE

MONTDIDIER

PÉRONNE

Roye

ARRAS

Lens

Vers Beauvais

« ainsi qu'elle a été réformée, *fors et excepté en ce que les*
« *coutumes locales et particulières desdits lieux seront déro-*
« *geantes à la générale* (1). »

M. Bouthors, greffier en chef à la Cour royale d'Amiens, a
publié en 1845, sous les auspices de la Société des Antiquaires de Picardie, les textes absolument inédits des
coutumes locales du Bailliage d'Amiens : accompagné
de savantes et intéressantes notices, ce pénible travail
de rédaction exigea plus de quinze années d'un labeur
acharné (2). Nous avons cru devoir en extraire les questions les plus intéressantes relatives au Droit des Gens
mariés.

Ces coutumes souvent bizarres et originales règlementent
principalement les attributions des pouvoirs locaux, elles
formulent des règles de procédure, des dispositions sur la
compétence de la multitude des petites juridictions qui gra-
vitaient autour des prévôtés royales ; mais beaucoup aussi
ne sont qu'une sorte de liste. de tarifs de droits fiscaux ou
féodaux : elles semblent être le réceptacle de tous les privilèges seigneuriaux, de tous les abus qui, sous l'ancien
régime, pesaient si lourdement sur le manant et le roturier.

Les questions de droit civil y sont rares et souvent insi-
gnifiantes : nous noterons en passant celles qui se rap-
prochent le plus des théories du Droit des Gens mariés, ou
les innovations que nous pourrons y rencontrer.

Parmi les privilèges les plus humiliants pour le justiciable
qui en est victime, et parmi les avantages exorbitants établis
en faveur du baron qui en bénéficie, on peut citer en premier lieu ce trop fameux *droit du seigneur* qui paraît avoir
été exercé en Picardie avec une âpreté sans pareille : il

---

(1) *Coutumier de Picardie*, édition de 1726, p. 222.
(2) Bouthors, *op. cit.*, t. II, p. 1 : « Ces coutumes ne furent pas véri-
« fiées en 1507, parce que le nombre en était si considérable qu'il eût fallu
« plus de six mois de séances consécutives pour en entendre la lecture : *un*
« *demi an tout entier*, selon l'expression du procès-verbal. Après avoir été
« inventoriées en 1559, elles furent déposées dans une huche placée au-des-
« sus de l'auditoire du Bailliage dans les bâtiments de la Malmaison.....
« Elles y sont restées ignorées jusqu'à l'époque très rapprochée de la Révo-
« lution de 1789, où le bénédictin dom Grenier en fit faire des extraits... »

existait dans plusieurs localités du Bailliage d'Amiens, non pas seulement à l'état de souvenir sous forme de congé de mariage, mais bien comme pratique couramment observée. Les coutumes de Drucat, de Maisnil-lès-Hesdin, d'Auxi-le-Château, de Blangy-en-Ternois sont absolument précises et il ne peut subsister aucun doute (1).

Nous n'insisterons pas sur le curieux *droit des « raines »* qui consistait dans la faculté qu'avait le seigneur de forcer les habitants à venir battre l'eau des fossés du château *sous peine de LX sols parisis d'amende*, pour empêcher que les *raines et grenoulles ne lui fascent noise* (2).

Nous ne chercherons pas non plus à expliquer combien il y avait de droits de banvin, de travers, de tonlieu, de pacage, de four, de pressoir et de moulin banaux.

Ce travail sera divisé en trois chapitres : le premier traitera du Droit des Gens mariés au xii° et au xiii° siècles, c'est-à-dire de l'autorité maritale et de la condition de la femme, de la Communauté de biens entre époux, du Douaire de la veuve et des enfants.

Dans un second chapitre nous suivrons la même division pour le Droit des Gens mariés dans la Coutume générale du Bailliage d'Amiens.

(1) Le Droit du Seigneur. — Coutume de *Drucat*, prévôté de St-Riquier en 1507. — Art. 17 : Item, et quant aucun des subgietz ou subgietes dudit lieu de Drucat se marye et la feste et nœupces se font audit lieu de Drucat, le maryé ne pœult couchier la première nuyt avec sa dame de nœupce sans le congié, licence et auctorité dudit seigneur ouquel ledit seigneur ait couchié avecq ladite dame de nœupce ; lequel congié il est tenu de demander audit seigneur ou à ses officiers ; pour lequel congié obtenir, ledit maryé est tenu bailler un plat de viande tel que on la mengue ausdites nœupces, avec deux los de bruvaige tel que l'on boit ausdites nœupces ; et est ledit droit appellé droit de cullage ; et d'icelluy droit de cullaige ledit seigneur et ses prédécesseurs ont joy de tout tamps et de tel qu'il n'est mémoire du contraire.

Coutume de *Maisnil-lès-Hesdin* (Nouvel-Hesdin). — Art. 4 : Item, se aucuns se conjoindent par mariage en ladite ville et seignourie ou ailleurs, vœullent couchier, la première nuyt de leurs nœupces... le sire de nœupces ne pœult ou doit couchier avec sa femme et espouse, la première nuyt sans demander grace ou congié de ce faire audit seigneur, sur peine de confiscation du lit et de tout ce qui serait trouvé sur ledit lit, lendemain au matin, le tout au droit et prouffit d'icelluy seigneur.

(2) Coutume de Drucat, art. 18. Prévôté de St Riquier.

Enfin dans le chapitre troisième il sera question de quelques situations particulières tirées des coutumes locales (1).

(1) Les documents insérés dans ce travail ont été puisés dans les Archives du département de la Somme, dans les registres aux Chartes de la ville d'Amiens et aussi, en partie, dans le recueil de Documents inédits concernant la Picardie, publiés de 1860 à 1881, par M. V. Cauvel de Beauvillé, d'après les titres originaux conservés dans son cabinet.

Nous devons remercier bien sincèrement M. Georges Durand, archiviste-paléographe du département de la Somme, qui nous a si bienveillamment facilité la lecture des documents les plus obscurs.

M. Michel, conservateur de la Bibliothèque communale d'Amiens et MM. les bibliothécaires ont mis aussi à notre disposition, avec beaucoup d'obligeance, les trésors si précieux dont ils ont la garde.

CHAPITRE PREMIER

LE DROIT DES GENS MARIÉS DANS LA CHARTE
ET LES ANCIENS USAGES D'AMIENS.
XIIe ET XIIIe SIÈCLE.

I. La Puissance maritale.
Condition de la Femme mariée.

La Charte et les Anciens Usages d'Amiens ne nous offrent pas une théorie bien nette et bien complète de l'autorité maritale : c'est à peine si on peut en rencontrer quelques traces bien fugitives dans ce monument fondamental de l'organisation municipale que M. de Calonne (1) appelle « l'acte de naissance » des communes affranchies.

Est-on obligé de conclure qu'il y a là un oubli regrettable de la part des bourgeois et artisans, signataires et auteurs

---

(1) DE CALONNE, Histoire d'Amiens, t. I, p. 147.

de l'acte d'émancipation commerciale ? Non (1), et il sem-
blerait plutôt que c'est là un oubli voulu, une lacune inten-
tionnelle : les rudes contemporains de S. Geoffroy et d'Enguerran de Boves, hommes simples mais croyants, n'ont
peut-être pas jugé utile d'insérer dans la Charte des dispositions de nature à restreindre ou à augmenter la puissance
maritale ; à quoi servait-il d'encombrer de détails minutieux
un document déjà considérable, et n'avait-on pas pour être
fixé sur le rôle que mari et femme doivent jouer dans le
mariage un guide sûr et complet, dont se seraient exclusivement inspirés les juristes d'alors : la Bible, les Evangiles et
les Ecrits des Pères de l'Eglise ? Tout ce qu'ils auraient pu
dire sur l'autorité maritale n'eût été, sans doute, que la
répétition des préceptes de S. Paul dans son Epître aux
Ephésiens.

Mais ces conseils de l'Apôtre faisaient partie intégrante
de l'enseignement presque quotidien donné à tous par
l'Eglise : il faut se rappeler, en effet, à quel point la vie
municipale était liée à la vie religieuse au xııe et xıııe siècle :
grands seigneurs, bourgeois et artisans émancipés, se
pressent, pieuse cohue, aux cérémonies du culte ; c'est une
époque de foi profonde, naïve mais généreuse, cette foi qui
fit sortir de terre cette « merveile d'architecture (2), orgueil
« de la cité, cette basilique sans rivale dominant les
« abbayes, les églises, les couvents, tous les oratoires par la
« majesté de ses merveilleuses proportions, la Cathédrale ».

Nous abandonnerions donc momentanément la Charte
municipale qui ne nous fournit aucun texte précis sur la
puissance maritale, pour passer aux Vieux Usages du
xıııe siècle beaucoup plus explicites, si nous n'espérions faire

---

(1) « La plupart des Chartes communales donnent peu de détails ;
« ..... pour ce qui est des dépositions juridiques du droit civil..... géné-
« ralement insérées sans ordre....., elles sont destinées soit à éclairer et à
« fixer des points contestés et douteux de la coutume locale....., soit à
« donner force légale à des règlements nouveaux, fruits de l'expérience et
« des réflexions personnelles des contractants. — ACHILLE LUCHAIRE, Manuel
des Institutions françaises, p. 415 et suiv.

(2) DE CALONNE, Hist. d'Amiens, p. 220 et 221.

voir par l'interprétation d'un mot rencontré deux fois dans l'art. 23, que les auteurs du contrat d'émancipation communale se trouvaient être parfaitement d'accord avec les textes de S. Paul sur l'autorité du mari et les droits respectifs des époux :

« Si le feme sorvit après le mort de sen *baron* et li enfant
« remainent vif, le feme ne respondera de tote le possession
« que ses *barons* aroit tenue en pais tant com li enfant
« seront en garde, de si la qu'ele ait avoué, se che n'est
« wages ».

Dans cet article, le mari est appelé *baron* de sa femme : Littré attribue à ce mot une origine celtique (1): le sens de ce mot dans les langues romanes, dit-il, est homme fort, mari, guerrier vaillant, noble, seigneur, et si l'on songe alors au sens si clair que Beaumanoir donne à ce terme, qui revient couramment sous sa plume dans les coutumes de Clermont-en-Beauvoisis, un siècle plus tard, et que l'on rencontre si souvent dans nos vieux usages municipaux, on est forcé de remarquer que cette expression « baron » employée dans la Charte est un réel reflet des idées courantes au xiie siècle sur l'autorité et la puissance maritales; le mari, baron de sa femme, ce qui pour elle veut dire sujétion et par là même subordination de sa personne et administration de ses biens, n'est-ce pas l'accomplissement parfait du précepte de S. Paul (2) : *Vir caput est mulieris*, suivi aussitôt de son corollaire naturel : *sed sicut Ecclesia subjecta est Christo, ita et mulieres viris suis in omnibus* (3).

Sans vouloir nous attacher à rechercher plus longuement quelle fut la part d'influence de la religion chrétienne au xiie siècle et dans la période antérieure sur le rôle et la conduite de la femme mariée, nous avons réuni quelques documents qui nous permettent, en l'absence de tout texte

---

(1) Littré, Dictionnaire: Diez rapproche *baro* de l'ancien haut allemand *beran*, porter, d'où sens d'homme robuste ; anglo-saxon, *beorn*, un homme, un grand.

(2) *S. Paul*, Epître aux Ephésiens, Chap. V, v. 23, 24.

(3) *S. Paul* dit encore au v. 22, op. cit. : *Mulieres viris suis subditæ sint sicut domino : caput* et *dominus* sont des expressions assez semblables.

juridique, de constater l'intervention régulière de la femme dans les actes du mari.

Assurément l'homme est le seigneur et le chef de l'Association conjugale, mais à cette époque la femme est bien aussi l'*adjutorium simile sibi* dont parle la Genèse (1) : nous la voyons toujours à côté du mari, l'aidant de ses conseils, de son influence, s'associant à ses responsabilités (2) ; on sent qu'elle est « quelqu'un » dans le ménage, qu'elle est un être capable, bien qu'il ne soit pas toujours facile de se rendre compte des motifs de son intervention ; peut-être son concours n'est-il souvent que subsidiaire ou *ad honorem*.

Du xi° siècle (1069, pour ne pas remonter à une époque plus reculée, on trouve une charte de Raoul, comte d'Amiens, rapportée par Augustin Thierry (3), dans son recueil de monuments pour servir à l'histoire du Tiers-Etat : il s'agit d'une négociation entre le comte et l'évêque Guy au sujet des terres et villages situés près du château de Conty (4), possédés par le chapitre de Notre-Dame d'Amiens : le comte consent à affranchir ces territoires de l'autorité des vicomtes ses lieutenants et la charte ajoute : *Hac autem cartula, mea manu atque uxoris mee Anne.... super altare beate Marie..... imposita* ; puis, plus loin les signatures de *Radulfus comes et Anna uxor ejus*. Pourquoi l'épouse intervient-elle dans un acte de cette nature, dans une charte officielle ? Est-ce par déférence pour son puissant mari, est-ce pour donner plus de poids à ses affirmations, son intérêt personnel est-il en jeu ? Le document ne le dit pas et toutes les conjectures sont permises.

En parcourant les précieux documents recueillis et publiés par M. V. de Beauvillé sur la Picardie, on découvre près de

(1) Genèse, chap. II.

(2) Nous verrons dans le chap. suivant que la femme mariée est responsable du paiement des impôts quand le mari, malade ou absent, ne peut pas les solder ; dans l'espèce il s'agit d'un époux devenu lépreux et qui, pour se soigner, a négligé son commerce : la femme demandait à être exonérée d'impôts.

(3) Augustin Thierry : Monuments inédits pour servir à l'Histoire du Tiers-Etat, p. 19. — Cartulaire du Chapitre de N.-D. d'Amiens, n° 1, f° 91.

(4) Conty, chef-lieu de canton, à 20 kilom. S.-O. d'Amiens.

cent ans plus tard, en 1147 (?), un acte de désistement (1) en faveur de l'abbaye d'Anchin, des prébendes de l'église St-Martin de Doullens, que Guy II, comte de Ponthieu, Ida, son épouse, et Jean, leur fils, retenaient contre les canons de l'Eglise : l'acte est adressé à l'évêque d'Amiens, Thierry : *Domino et patri Theodorico, Dei gratia venerabili Ambianensium episcopo, Guido, comes Pontivi et Ida uxor ejus et Johannes filius eorum, salutem ;* sans bien voir encore la raison et le but de l'intervention de la femme, on peut se rendre compte que sa renonciation aux prébendes retenues *contra statuta sanctorum canonum* est faite parce que elle et sa famille ont joui de ces revenus, le mari et la femme sans doute comme communs en biens.

Dans les archives du département de la Somme, nous trouvons, en 1148, une donation (2) de trois muids de froment par an au prieuré de Saint-Denis *in prato*, par Gérard de Daours (3), *concedente sua uxore Beatrice*, et quelques lignes plus loin, *tam Gerardus quam uxor ejus de providenda diuturnitate elemosine sue multum solliciti ordinaverunt ;* la femme Béatrice se trouve elle-même assistée de Renaud de Domart, son oncle maternel, *Renaldo etiam de Domno Medardo, avunculo ejus presente et laudante*, sans doute à cause de la maladie grave du mari, Gérard, *in extremis positus*.

M. de Beauvillé, dans ses documents sur la Picardie (4), publie encore un acte de l'année 1150, passé devant le même évêque et confirmant l'abbaye de Saint-Lucien près Beauvais, dans la possession de l'église de Flixecourt (5) ; le mari a demandé le consentement de sa femme et son conseil surtout, car la situation est délicate, *quia inter me et monachos*

---

(1) V. Cauvel de Beauvillé. Documents inédits concernant la Picardie, t. II, p. 4.

(2) *Arch. du départ. de la Somme.* Collège d'Amiens, biens du prieuré de St-Denis, D. 46, liasse.

(3) Daours, village à 12 kilom. Est d'Amiens, au confluent de l'Hallue et de la Somme.

(4) V. de Beauvillé, *op. cit.*, t, I, p. 1.

(5) Flixecourt, bourg industriel, canton de Picquigny (Somme).

de presbiteri introductione in ipsa ecclesia sepius controversia erat; on a le sentiment par cette incidente : *assensu et concilio conjugis mee Anne,* que la femme est ici la conseillère de son mari : c'est bien là l' « aide semblable à lui » dont parlent les Ecritures.

Enfin, nous trouvons dans l'ouvrage d'Augustin Thierry cité plus haut (1), une donation faite en 1161 par Philippe d'Alsace comte d'Amiens, à l'abbaye de Saint-Jean-lez-Amiens : ici l'intervention de la femme se précise, c'est l'épouse d'un grand seigneur, elle a son sceau personnel et se trouve partie directement intéressée à l'acte puisqu'elle est elle-même comtesse d'Amiens ; aussi son concours est-il très énergique : *Ego etiam Isabels* (2), *Philippi comitis uxor et comitissa Ambianensis, hanc concessionem eleemosinam domini mei Philippi laudo, et pro animabus antecessorum meorum ecclesie Sancti Johannis concedo..... et sigilli mei impressione confirmo.* Malgré l'accent de fermeté et d'autorité dont ces paroles sont empreintes, on sent quand même l'état de dépendance que l'on peut croire habituel pour la femme : le mari est le « dominus », le maître, le « baron » de cette haute et puissante dame, comtesse d'Amiens.

On a pu se rendre compte, par les quelques documents qui viennent d'être analysés brièvement, que la condition de la femme mariée était alors semblable à celle du mari, à qui appartient cependant la direction de la société conjugale.

Mais malheureusement nous n'avons encore au XII° siècle aucune théorie, même embryonnaire, des droits du mari sur la personne et les actes de la femme : tout est sentiment, impression, convenances ; aussi nous hâtons-nous d'aborder l'étude des anciens usages municipaux du XIII° siècle qui nous permettront peut-être d'esquisser les lignes rudimentaires d'un système sur la puissance maritale et la condition de la femme mariée.

Amiens n'eut pas la chance d'avoir, au XIII° siècle, un

(1) Aug. Thierry, *op, cit.,* t. I, p. 66. — Cartulaire de Saint-Jean-lez-Amiens, col. 70, 71, 72.

(2) Isabelle était fille de Raoul II de Vermandois ; il lui donna en dot le comté d'Amiens et elle devint en 1156 l'épouse de Philippe d'Alsace.

jurisconsulte de la trempe de Beaumanoir, et dans la filan-
dreuse phraséologie des deux cents articles (exactement 193)
qui constituent les vieux usages municipaux, les textes concernant l'autorité maritale sont peu nombreux, disséminés
au milieu (1) d'une « législation confuse et mal ordonnée » et
encore ne les trouve-t-on souvent qu'à l'état de phrases inci-
dentes, perdues au milieu de très longs articles.

C'est dans l'art 39 de la vieille coutume de 1210, au chapitre intitulé : « Chi parole des Asseurements » (2), que nous
rencontrons le texte le plus précis, celui qui paraît être le
plus positif : « Derekief quiconques ait asseuré plainement
« de lui et des siens, se femme est en l'asseurement avelques
« lui, *car li hons est chiés de se feme* (3), et quiconques soit
« asseuré plainement de lui et des siens, se feme est aussi en
« l'asseurement et aussi asseure-t-elle en l'esgart d'es-
kievins ».

La femme mariée est donc obligée d'embrasser les querelles de son mari, de prendre parti, même contre son gré,
dans les procès et les contestations où il se trouve engagé :
le mariage est, en effet, l'union de deux vies, de deux destinées ; cette union doit être d'autant plus étroite que le
danger qui menace l'un des époux est plus grand. Ainsi,
l'asseurement pouvait être suivi du duel judiciaire et le
combat singulier, coutume barbare, heureusement peu en
usage (4), n'était pas sans péril : le doigt de Dieu n'écrasait
pas toujours le parjure et l'on vit trop souvent l'adresse et la
force brutale terrasser le champion du bon droit et de la
justice.

---

(1) Aug. Thierry, *op. cit.*, t. I, p. 126.

(2) L'asseurement figure à l'époque féodale à côté de la trève de Dieu, des
atenances et des sauvegardes : c'est un des moyens employés pour réagir
contre le fléau des guerres privées ; il n'imposait qu'une trève, une simple
suspension des hostilités.

(3) C'est la traduction littérale du *Vir caput mulieris* de S. Paul : *baron*
au XIIe siècle, *chef* au XIIIe sont d'ailleurs des expressions synonymes.

(4) « Et tele est la coutume anchienne des wages de bataille qui i veut et
« puet venir et pour chou que memore d'omme ne puet mie bien retenir tout
« et que *cheste lois n'est mic souvent usée*, l'a on notée et mise en escrit. ».
— Du Cange : *Glossaire, ad script. mediæ et infimæ latinitatis.*

Toute la famille se trouve englobée dans l'asseurement et en pleine époque féodale, c'est là un des vestiges les plus remarquables de la vieille solidarité familiale des germains : « Derekief, se aucuns a fait aucun forfait dont il se doute, « il et li sien, il s'en fera asseurer de lui et des siens » (1). Si la femme se trouve engagée dans une contestation, elle doit, à cause de son état de dépendance, se faire assister de son mari pour requérir l'asseurement « en l'esgart d'eskie- « vins : et feme qui a baron ne doit asseurer de lui ni des « siens sans baron présent » (2), et une simple autorisation ne suffirait pas pour permettre à la femme d'engager sa personne et sa famille, il lui faut la présence effective de son « baron ».

Pour en finir avec cette question des asseurements, nous notons en passant une restriction formulée par l'art. 37, qui pourra sembler au moins inutile, sinon naïve : « Derekief, se « li hons ou le feme tant comme il sont ensamble et lor biens « de quemuns, li 1 ne puet être asseurés de l'autre »; on comprendrait difficilement, en effet, qu'une contestation entre mari et femme, vivant ensemble, communs en biens, pût se terminer éventuellement par un combat en champ clos.

Si maintenant nous examinons plus intimement la vie d'une famille amiénoise, contemporaine de S. Louis, nous y voyons le mari et la femme investis d'un droit égal de correction sur les enfants ; c'est ainsi que s'exprime l'article 15 (3) : « Derekief, si li homme ou le feme fiert ou bat « son enfant ou plusiors qui sont en se warde ou en se « mainburnie, ja soit che que il se claint, li pères ne li mère « n'en respondera se mort ou meshaigné ne l'a. » La femme a, comme le mari, un droit de correction presque sans limites, non seulement sur ses propres enfants, mais même sur tous ceux qui lui sont confiés, pupilles ou autres, et il est à remarquer que cette faculté laissée aux époux peut dépasser les bornes permises, puisque pères et mères ne sont repréhen-

(1) Art. 38. — Vieux usages de 1210.
(2) Art. 38. Vieux usages de 1210.
(3) Art. 15, *Ibid.*

sibles, malgré les cris de l'enfant, que si les coups l'ont blessé grièvement.

On ne peut s'empêcher de rapprocher cet article de celui où Beaumanoir permet au mari de battre sa femme, mais en ayant soin d'ajouter « sans mort, ni meshaing »; ce sont les mêmes expressions, mais nous n'avons pas dans les Vieux Usages de disposition autorisant le mari à infliger des châtiments corporels à sa femme.

Dans l'ancienne coutume d'Amiens, la femme n'est pas considérée comme une incapable; comme dans Beaumanoir elle peut témoigner en justice : « Derekief, totes gens, « homes et femes, por tant que il soient en eage et en droit « sens naturel de mémore et parent et privé et estrange, « for cil qui soit de le mellée, pueent tesmoingnier de le « mellée et de lait dit, sans foi et sans bataille », et ce qui indique bien que c'est de la femme mariée qu'il s'agit, c'est la restriction contenue dans la fin de l'article : « Mais li « hons sans plus ne peut tesmoingnier por se feme, ne le « feme por sen baron » (1).

Mais si la coutume défend aux époux de témoigner l'un pour l'autre, elle les excite indirectement à se venir en aide, quand le mari ou la femme se trouvent obligés de défendre à un procès : « Si li hom aide se feme sor son droit « deffendant, ou se feme aide sen *segnor*, il ne doivent point « d'amende », faveur insigne qui permet à l'un des conjoints de sortir indemne des mains de l'inexorable justice d'alors, tant l'assistance mutuelle paraît naturelle entre époux; et la condition imposée est si facile à observer : l'amende n'est point due « por tant que li hom qui a se feme ou le feme « qui a son baron ne fachent forfait envers celui qu'on « aide, devant son forfait » (2).

En dépouillant les articles des seconds Usages, ceux de 1290, qu'à sept années près on peut considérer comme contemporains de la Coutume de Clermont, nous trouvons quelques lambeaux de textes assez précis, relatifs à la puissance du mari sur les biens et les actes de la femme;

(1) Art. 19. Vieux Usages de 1210.
(2) Art. 21. *Ibid.*

mariée, elle ne peut vendre un propre immobilier, un
« hyretage », sans la présence de son mari : il n'est pas
encore question d'autorisation maritale, ce mot semble
inconnu ; quand la femme doit agir et qu'on veut exiger le
consentement de son mari, on fait la plupart du temps
intervenir les deux époux (1) : c'est ainsi que s'exprime
l'art. 38 : « Se aucuns veult offrir le vente de sen hyretage,
« il li convient offrir au plus proisme (2) ;...... se che feme
« et ele a baron, il convient qu'i soit présens avec se feme
« come *avoués* de se femme ».

Nous constatons dans une vente du mois de décembre
1316, l'application intégrale de cet article : Pierre Pié de
Leu et sa femme Jehane de Canaples vendent à l'Echevinage
une maison dite des Clokiers, sise à Amiens (3) « ou markié
« as Frommaches »; les époux ont offert cette maison à
« Jehane de Canaples, fille jadis de Grigore de Canaples,
« chitoien d'Amiens, et à Jehan Darras, chitoien d'Amiens,
« donnés curerres souffisamment de Jehane le Monnier, fille
« jadis dudit Grigore, non aagié..... comme as proismes »,
mais après en avoir « retenu le promèche », toute la famille,
mari, épouse, cousine et tuteur, est d'accord de céder à la
ville pour « chienc chens livres de Paris » la maison des
Clokiers, sans doute indivise entre eux. Le mari, Pierre Pié
de Leu, n'a aucun intérêt personnel dans cette vente, il est
étranger à la famille des Canaples et il n'intervient ici que
comme *baron* et *avoué* de sa femme.

L'article 54 formule enfin une dernière restriction à la
liberté de la femme mariée : elle ne peut sans le consentement de son mari doter un enfant commun : « Li hons ou
« le femme du consentement de son baron, en leur deer-

(1) Dans les archives du département de la Somme, de la ville d'Amiens,
du chapitre de Notre-Dame, etc....., nous n'avons rencontré qu'un seul acte,
dans lequel la femme, quand il y va de ses intérêts, agit seule avec l'autorisation de son mari : aux xiiᵉ, xiiiᵉ et xivᵉ siècles, on semble ne connaître
que le concours des deux époux. Il y a exception pour le testament de
Jehane de Castille, cité plus loin.

(2) Pour que le retrait lignager puisse s'exercer.

(3) Archives de la ville d'Amiens, registre aux chartes, AA 5, fol. 30. Vᵒ.
— Voir aussi DE CALONNE, *Hist. d'Amiens*, p. 306. Cet immeuble acheté par
l'Echevinage servit pendant près de trois siècles d'Hôtel-de-Ville.

« raine volenté ou bien. en leur vivant poent bien de leurs
« hyretages, se il en ont pluseur, donner à leurs enfants,
« à mariage, à l'un plus, à l'autre mains ».

L'expression « deerraine volenté » ne nous indique pas
si la liberté de tester est laissée ou enlevée à la femme :
la question de savoir si elle peut faire seule son testament
n'est aucunement tranchée dans les Vieux Usages ; Beaumanoir aussi la laisse imprécise. Dans le cas qui nous occupe,
il semble bien que si la femme ne peut doter ou avantager
« à mariage » un enfant commun par acte de dernière
volonté sans le consentement de son *baron*, cette prohibition
est écrite surtout pour sauvegarder l'autorité du mari et
son droit de jouissance sur les biens de la femme, pour
maintenir ce droit de contrôle habituel du maître, résultat
de la subordination constante de l'épouse.

Mais la coutume ne parle ici que d'une situation particulière : l'autorisation maritale nécessaire à la femme pour
doter par acte entre-vifs ou par testament un enfant commun ; il est vrai que s'il s'agissait d'avantager un tiers, le
consentement du mari paraîtrait encore plus nécessaire.

. La question n'en resterait pas moins tout à fait douteuse si,
en parcourant l'inventaire du fonds de l'Évêché d'Amiens,
nous n'avions découvert un testament (1) très détaillé fait en
1276 par Jeanne, comtesse de Ponthieu et dont voici les
premières lignes : « El non du Père et du fill et du Saint
« Esprit. *Amen*. Jou, Jehane, par le grâce de Dieu, royne
« de Castele et de Lyon (2)..... en men bon sens et de me
« bone volenté, *par l'assentement de mon segneur Jehan de*
« *Neele*, comte de Ponthieu et des lieus devant dis, *men*
« *baron*, et par le consel de bones gens et pour le pourfit
« de mame, fas et ordonne men testament »... ; le mari permet à la femme de tester : c'est un exemple typique d'autorisation maritale, surtout à cause de l'importance des per-
sonnages (3).

(1) Archives du dép. de la Somme. Évêché d'Amiens, G. 359, liasse.
(2) Reine de Castille et de Léon.
(3) Cet unique document ne nous permet pourtant pas de formuler une
règle générale, de dire que l'autorisation du mari est toujours nécessaire à
la femme pour tester.

En continuant de glaner des textes à travers le naïf désordre des vieux usages municipaux, on trouve dans l'art. 46 que la puissance du mari sur les biens de la femme s'arrête au douaire qu'il a constitué à celle-ci (1) : si c'est l'homme qui veut l'aliéner, il doit obtenir le consentement de son épouse ; si c'est la femme, elle ne peut se dépouiller de son douaire sans l'assentiment de son mari : « Derekief, « li hons et le femme poent vendre leur hyretage de leur « consentement de quoi li douairez a esté fais »... et encore n'est-ce souvent qu'au prix d'une sérieuse compensation pour la femme, comme le montre un acte passé devant Hugues de Beauquesne, official d'Amiens, au mois d'avril 1231 : Robert de Lessau et Julienne son épouse ont vendu à l'Hôpital de Boves (2) *quoddam curtillum situm extra Bovam*, mais cette terre est le douaire de Julienne de Lessau qui veut bien consentir à recevoir en échange *quatuordecim jornalia terre site in territorio de Bova in duabus peciis* (3).

Enfin un dernier texte tout à fait imprévu et original, l'art. 79, termine la trop courte série de ceux qui peuvent nous faire voir quelles furent au XIIIe siècle l'autorité et la puissance du mari : « Derekief nus ne puet avoir chirographe de « maison qu'i prenge a chens ou qu'il acate, s'il ne s'oblige « il et se feme s'il a, qu'il la terra as us et coustumes de le « chité et em paiera tailles, mises, assises et subventions, « toutes les fois qu'il en sera requis »... : Si le mari loue ou achète une maison à Amiens, sa femme est obligée de répondre, de s'engager avec lui pour promettre qu'ils joui-ront tous deux de la maison selon les us et coutumes de la ville, qu'ils paieront les contributions : l'immeuble répond de ces impôts, sorte d'hypothèque accordée au fisc « a che obligera-il l'hyretage » et le mari est toujours forcé de s'en-gager, lui et sa femme « et fiancera il et se femme » et ainsi

(1) Art. 46, vieux Usages de 1290. Voir « le Douaire » à la page

(2) Boves, chef-lieu de canton à 8 k. S.-E. d'Amiens ; ruines célèbres d'un vieux château féodal, demeure d'Enguerran de Boves, sire de Coucy, qui lutta au XIIe siècle avec tant d'acharnement contre l'affranchissement de la commune d'Amiens.

(3) V. DE BEAUVILLÉ, t. III, p. 3.

en est-il de toutes femmes, mariées, filles ou veuves, nobles ou roturières (1).

Et c'est tout ce que les rédacteurs des anciennes coutumes municipales nous ont dit sur l'autorité et la puissance du mari : pas un texte spécial, pas un principe directeur. Pas un mot du mari prodigue, fou, malade (2), absent, du rôle de la femme dans le ménage, de ses délits, etc. ; pourquoi ce mutisme presque complet, quand nous voyons au contraire la prose redondante des jurisconsultes bourgeois s'épanouir largement à propos du douaire, des constitutions de dot, du retrait lignager, etc... ?

On dirait qu'ils ont craint de s'appesantir trop longuement sur des principes et des règles qui, peut-être, leur semblaient devoir échapper à leur compétence : aussi n'ont-ils fait qu'effleurer le sujet en réglant seulement quelques cas spéciaux, très tranchés.

Assurément Beaumanoir est beaucoup plus méthodique et surtout plus complet ; est-ce, chez ces bourgeois fraîchement émancipés, la crainte d'empiéter sur le droit canon qui déjà réglementait le mariage en tant que lien et en déterminait les conditions, non sans ajouter à ses règles juridiques quelques préceptes impératifs (3) ; ou bien la religion chrétienne était-elle alors toujours assez puissante, assez profondément ancrée dans les cœurs et dans les esprits, pour inspirer aux époux les devoirs de fidélité (4), d'obéissance (5) et d'assistance mutuelle (6) dans toutes

(1) Les Archives communales de la ville d'Amiens sont remplies d'actes de cette nature : Pierre d'Ivregny, clerc, et Leiarde, sa femme, s'obligent devant A. de Lehiucourt, official d'Amiens, à tenir, selon les us et coutumes de la cité, une maison de pierre sise à Amiens, rue St-Denis, avec rente et cens acquis de Mathieu et Jehane Menuet. — Archiv. commun. AA. I. f. 207 et suivants.

(2) Un passage des *Olim*, cité au chapitre suivant et déjà signalé plus haut, montre assez bien quel rôle important la femme jouait dans le ménage en cas de maladie du mari.

(3) Pour le douaire, par exemple, le prêtre, d'après Beaumanoir, rappelait aux époux qu'il était d'usage de le fournir.

(4) *Homo... adhærebit uxori suæ et erunt duo in carne una.* S. Paul, *op. cit.*, n° 31.

(5) *Mulieres viris suis subditæ sint sicut domino.* S. Paul, *id.*, n° 22.

(6) *Adjutorium simile sibi.* Genèse, ch. ii.

les circonstances parfois si délicates de la vie conjugale ?

Qu'avons-nous pu remarquer, en effet, dans les actes et dans les textes ? Dans tous les documents antérieurs ou postérieurs à la Charte communale, dans tous les monuments juridiques qui offrent une relation plus ou moins éloignée avec le droit matrimonial, le mari est toujours, nous l'avons vu, le *dominus*, le *baron* (Charte art. 23) le *segnor* (art. 39 de 1210) l'*avoué* de son épouse (art. 38 de 1290); un texte très clair (art. 39 de 1210) nous dit que le mari est « chef » de sa femme et nous voyons ensuite que certains actes, assurement, vente d'un propre, dotation d'un enfant, sont interdits à l'épouse non assistée du mari, qui sont permis sans réserves à toute fille ou veuve.

N'est-ce pas là la base de l'autorité maritale telle que la conçoit Beaumanoir ? Et si nous osions formuler un principe que les rédacteurs de la Coutume n'ont pas su, ou voulu établir, nous dirions, *que l'incapacité de la femme provient de la nécessité de se soumettre au mari comme chef et non pas d'une infériorité inhérente à son sexe.*

Ne dirait-on pas aussi que les rares textes, qui dans les vieux usages parlent de l'autorité maritale, perdus, noyés au milieu de longueurs et de redites, sont là comme par hasard, qu'ils découlent de principes fixes, connus et acceptés de tous ? Ces principes directeurs ne peuvent être autres que la doctrine de l'Eglise, alors si puissante et dont les anathèmes sont si redoutés (1).

A cette cause de l'incapacité juridique de la femme mariée, on a opposé une théorie basée sur une survivance du *mundium* germanique.

Mais la théorie du *mundium* germanique, à défaut de textes, n'apparait au plus que comme une induction juridique puissante : établie pour expliquer certains faits déterminés, elle ne trouve sa confirmation dans aucun autre fait et reste toujours une hypothèse.

Elle paraît du reste avoir contre elle le développement

---

(1) Robert le Pieux ne fut-il pas excommunié pour avoir répudié Suzanne, sa femme légitime, et voulu épouser Berthe, sa parente, veuve du comte de Blois ?

même de l'autorité maritale, qui, partant dans les premiers
siècles d'un concours et d'une subordination toute cordiale
de la femme vis-à-vis de son mari, trouve son apogée sous
Beaumanoir, et l'excès même de la puissance du mari opère
une réaction qui aboutit à l'autorisation supplétive de justice
qui viendra plus tard.

Quand on regarde avec attention et sans parti pris ce fait
si complexe de l'autorisation maritale, on ne peut rendre
compte des anomalies qu'on y relève qu'en acceptant d'assigner à ce pouvoir une origine complexe et de ne considérer
cette institution que comme le produit d'alluvions succes-
sives d'idées juridiques distinctes : union intime des époux,
suprématie de l'homme sur la femme qu'il s'est choisie,
décalquage du mariage chrétien sur l'union du Christ avec
son Eglise, type idéal ;

Nécessité, dans la gestion des biens communs, d'une autorité unique, dont la nécessité s'impose d'autant plus qu'avec
une civilisation plus avancée la vie se complique davan-
tage ;

Idée que le mari n'est chef que pour le bien commun et
qu'il ne saurait opprimer la femme dont le christianisme a
sauvegardé la liberté.

II. La Communauté de Biens entre Époux
à Amiens au XIII° siècle.

La Charte d'Amiens est, avec celles de Laon et de Fribourg en Brisgau, un des premiers documents qui constate officiellement l'existence de la Communauté.

La loi Ripuaire, les formules de Marculf et le Capitulaire de 821 nous parlent bien, en termes assez clairs, de la femme participant à l'œuvre du mari et devant avoir sa part de meubles et de conquêts, *quod simul collaboraverunt*.

Mais ce n'est qu'à l'époque de l'émancipation communale, au moment où un souffle ardent et fécond de liberté anime la bourgeoisie, que nous voyons apparaître la Communauté dans son épanouissement presque complet : les roturiers et les vilains la font constater les premiers dans leurs Chartes, et celle d'Amiens s'exprime ainsi : « Se li hom ou le feme « aquièrent aucune possession en lor vie et li 1 muert, cil « qui remanra ara a par lui le moitié et li enfant l'autre »... (art. 35).

Les Chartes d'affranchissement des communes donnent en général peu de détails ; elles sont surtout destinées à éclairer et à fixer des points douteux ou contestés (1) de la coutume locale ; on peut en dire autant des deux anciennes coutumes d'Amiens qui encadrent le xIII° siècle (1210 et 1290) : leurs rédacteurs anonymes nous parlent de la communauté de biens entre époux, mais avec la prolixité, les lacunes et le manque de méthode habituels; nous essayerons de remédier à ces imperfections à l'aide des textes du jurisconsulte voisin et contemporain, Beaumanoir.

(1) Voir Luchaire, *op. cit.*

A. Formation et Composition de la Communauté

1°. Actif.

La Communauté semble avoir été à Amiens comme dans beaucoup de coutumes, le régime de droit commun, le seul autorisé : un régime exclusif de communauté n'aurait pas manqué d'être réglementé ou tout au moins indiqué.

Un seul article parle des époux communs en biens : c'est l'article 37 de la première rédaction « se li hons ou le feme « tant comme il sont ensamble et *lor biens de quemuns* », l'un ne peut être *asseuré* de l'autre ; ici au moins nous trouvons le mot lui-même.

L'actif de la communauté se compose de la propriété des meubles et des conquêts et de la jouissance de tous les biens propres des époux : l'article 63 *in fine* dit que le survivant des époux retient la moitié des acquêts et des meubles : « Si le feme muert ou li barons, cil qui sorvivra aura le « moitié de toutes les acquestes que il ont ensamble aquises « et le moitié de tous les muebles à faire chascuns à se « volenté ».

La jouissance des propres n'est pas indiquée dans les Anciens Usages, mais si des biens sont communs comme le dit l'article 37, les fruits des immeubles propres le sont en premier lieu, c'est la base de la société de biens entre époux ; et à l'époque de Beaumanoir, la communauté de meubles et de conquêts, plus large que de nos jours, ne se conçoit pas sans la mise en commun des fruits et revenus des héritages.

La Vieille Coutume ne dit pas non plus ce qu'il faut entendre par *héritages*, *meubles* et *acquêts*, expressions si fréquemment employées qu'une courte explication s'impose d'elle-même.

L'*héritage* c'est l'immeuble, le bien par excellence, c'est la « terre au soleil », le « ténement », la maison dans la cité ; la Coutume et, avant elle, la Charte, le considèrent pour ainsi

dire comme sacré et l'entourent de toutes sortes de garan-
ties : si « l'hyretage » est mis en vente, on doit au préalable
s'assurer que le plus proche héritier ne désire pas s'en
porter acheteur, il faut obtenir sa renonciation ; c'est le
retrait lignager. Il n'est permis de disposer par donation
que du cinquième, du « quint » de l'immeuble ; agir autrement ce serait faire tort à son « hoir », lui qui doit recueillir
tous les héritages en vertu de ce principe capital qui domine
tout l'ancien droit, *paterna paternis, materna maternis ;* c'est
d'ailleurs la même règle que l'article 47 *in fine* formule en
d'autres termes : *li mœublez sieut prochaineté et hyrtages
sieut costé.*

Dans un « traité de mariage » de 1342, on rencontre une
énumération de biens immeubles assez semblable à celle
de Beaumanoir (1) : Robert d'Ailly donne aux enfants qui
naîtront de son union avec Marguerite de Picquigny, le
« quint » de toutes ses terres et il énonce sans ordre
une série de biens qui affectent le caractère d'immeubles
« par nature ou par destination, « en chens, en rentes,
« en terres waagnaules, en fours, en molins, en près,
« en bos, en ventes, relies, aides, en saisines, en des-
« saisines, en justiche, en seignourie et en toutes autres
« coses quelles quelles soient comme me terre s'estende
« et puist estendre » (2). C'est ce que Beaumanoir appelle
« des cozes qui ne poent estre meues et qui valent par anées
« as signeurs à qui il sont »...

Quant aux *meubles*, c'est d'après lui toutes « cozes qui
« poent estre mues de lieu en autre... aveines, vins, deniers,
« cevax, tous métaux, tex matières de marceandises qui
« poent estre portées »...; mais le Livre de Jostice et de
Plet explique d'une façon plus concise et plus claire que
Beaumanoir ce qu'on entendait alors par meubles incorpo-
rels : « Se ge achète les fruiz d'un héritage et les issues
« d'une terre ou d'un doère, et un usage à un tens : tex
« mobles n'ont pas cors (3) ».

(1) Beaumanoir, XXIII, 3.
(2) Archiv. du dép. de la Somme. Titres de famille de la seigneurie de
Picquigny, E, 111.
(3) Liv. de Jostice et de Plet, p. 268.

Les Anciens Usages d'Amiens ne parlent pas d'une certaine catégorie de biens appelés *cateux*; ce mot se rencontre néanmoins dans le testament de Jehan de Saint-Quentin, bourgeois d'Amiens en 1386, et dans le « traité de mariage » de Robert d'Ailly, sus-indiqué : au xiii° et au xiv° siècle, dit M. Planiol (1), la classe des immeubles a été « coupée en « deux. On eut, d'une part, les biens les plus importants, à « la fois frugifères et durables, qui formaient l'élément « solide des fortunes et auxquels on reconnaissait le carac- « tère d' « héritages »...; on eut, d'autre part, au-dessous « de ces immeubles de prix les choses immobilières de « moindre importance qui constituèrent une catégorie « intermédiaire entre les héritages et les meubles. Les « principaux représentants de cette catégorie sont certains « bâtiments ruraux tels que granges, étables et les arbres « qui ne sont ni arbres fruitiers, ni futaies.... Les biens de « cette catégorie intermédiaire étaient assimilés aux meubles « à beaucoup d'égards, notamment dans les successions où « ils n'étaient pas dévolus aux mêmes parents que les héri- « tages » (2).

Beaumanoir n'a pas défini le *conquêt de communauté*, pas plus que les Vieux Usages municipaux d'Amiens. Au xiii° siècle, le livre de Jostice et de Plet nous en donne une explication suffisante (3) : « Conquez si sont en trois « manieres : li uns si sont en héritages qui ont cors et en « héritages qui n'ont pas cors : et en mobles qui ont cors et « en mobles qui n'ont pas cors : a toutes les fois que je « achete héritage, quel qu'il soit de ma gaagne ou des fruiz « et de ma tere, c'est conquez.

« Feme conquiert aussi bien comme home.

(1) Planiol, *Traité élémentaire de Droit civil*, t. I, p. 311.

(2) « On s'imagine que notre ancien droit possédait une division tripartite « des biens en héritages, meubles et cateux. Les mots *meubles* et *cateux* « n'indiquent pas deux catégories différentes, ils forment une expression « inséparable, où le sens du mot *cateux* qui se perdait est éclairci par la « présence du mot *meuble* (comp. notre expression *fur et mesure*) ». Planiol, p. 311 et 312, t. I.

(3) Liv. de Jostice et de Plet, p. 269.

« A totes les foiz que ge aquier mobles par ma marchean-
« dise ou par mon labor, c'est conquez de mobles ».

Le Conquêt mobilier dut avoir à Amiens, au xiii° siècle,
une importance extraordinaire : il ne faut pas oublier que les
bourgeois sont avant tout des commerçants, qui font un trafic
considérable de marchandises de toutes sortes ; Amiens, dit
M. de Calonne (1), « est à la fois entrepôt et fabrique : entre-
« pôt de tout ce qui se consomme, de tout ce qui orne. On y
« trouve des richesses venues par bateaux des contrées les
« plus éloignées : du fer, de l'acier, du plomb, de l'étain,
« du cuivre et d'autres métaux, des fourrures, les graines
« précieuses qui donnent aux tissus la couleur écarlate, les
« cuirs renommés de Cordoue, les épices provenant du fond
« de l'Afrique, les figues et les amandes du midi, les laines
« d'Angleterre, les pelleteries de Flandre... ; deux industries,
la fabrication des draps et la préparation de la guède (2), sont
particulièrement florissantes.

Cependant nous n'avons pas trouvé encore la notion
complète du conquêt ; ne pourrait-on pas dire que c'est tout
bien qui n'est pas un héritage d'ascendants ? Un immeuble
donné ou légué par toute personne autre que les ascendants
ne peut être qu'un conquêt de communauté. C'est la théorie
de Beaumanoir et le passage de l'art. 47 des Anciens Usages,
qui dit que le survivant des deux époux ne partage pas les
héritages avec les héritiers du prédécédé parce qu'ils ne
viennent pas de son côté et ligne, semble en être la confirmation ; au contraire, ce qui n'est pas héritage est divisé entre
le mari ou la femme qui survit, et leurs enfants, parce que
ces biens sont considérés comme communs aux deux époux.

Le conquêt s'oppose à l'héritage : les père et mère peuvent
en disposer seuls ou conjointement et librement ; ils ne
nuisent pas à leurs enfants, ils peuvent le vendre sans se
voir arrêtés par le retrait lignager : « Cascuns donne s'aqueste
ou il li plaist » dit l'art. 37 des seconds Usages.

(1) DE CALONNE, Histoire d'Amiens, t. I, p. 201 et suiv.

(2) La guède ou pastel (les picards prononçaient waide), matière colorante
bleue, est extraite de l'*isatis tinctoria*, dont la culture a été très répandue aux
environs d'Amiens tant qu'on ne connut pas l'indigo. La corporation des
waidiers était la plus importante de la ville.

En 1276, Jeanne, comtesse de Ponthieu lègue à un neveu toute sa part de conquêts et Jean de St-Quentin, bourgeois d'Amiens s'exprime ainsi dans son testament, en 1386 : « Item, je lais a demiselle Isabel, me feme, pour Dieu et en « aumosne, tout le surplus de mes biens, *meubles, cateuls* « et *acquestes* et le quint de tous mes hyretages en quelques « lieus qu'ils soient : pour Dieu et en aumosne, mes lais, « mes debtes et mes obsèques paiiés (1) ».

Le conquêt pourrait être défini maintenant : tout bien, meuble ou immeuble, échu aux époux ou à l'un deux pendant le mariage à titre gratuit ou onéreux, exception faite pour les héritages donnés ou légués par les ascendants : ils restent propres.

Cette conception du conquêt est plus large que celle de notre code civil : elle est plus généreuse et elle constitue le développement logique de l'idée de collaboration exprimée dans la loi Ripuaire et le Capitulaire de 821 (2).

2°. *Passif*

Si nous partons de cette idée qui semble en germe dans les textes et les documents déjà cités, que le mari est le maître incontesté de l'association conjugale, que la femme est associée et intéressée à sa gestion, que sa personne et ses biens sont soumis à la garde et à la discrétion presque absolue du « baron », nous pouvons dire que les dettes des époux sont les dettes de la communauté.

Aucun texte ne vient malheureusement corroborer cette

(1) Archives municipales d'Amiens Registre aux Chartes, AA. I, fol. 88.

(2) La Charte d'Amiens ne s'occupe pas des biens appartenant aux nobles : l'art. 19 le dit formellement et dans les Anciens Usages le mot *fief* n'est même pas prononcé.

assertion ; les Anciens Usages municipaux sont loin d'être constitués juridiquement ; on avait pour guide la tradition, et pour les cas non prévus mais incontestés, on s'en rapportait le plus souvent aux coutumes voisines, générales ou plus complètes : Beaumanoir va encore nous servir.

Les dettes antérieures au mariage sont à la charge de la communauté par le seul fait du mariage ; mais il ne peut être question des dettes immobilières qui doivent être acquittées par l'époux débiteur seul : la communauté, dit la coutume de Clermont, ne doit supporter que les dettes « qui touquent la « personne, si comme convenences, acas, ventes, vilonies « faites, obligations et moult autres cas »...., en un mot, celles provenant de contrats et de délits, excepté celles qui frappent le fonds des héritages ; néanmoins les époux devront acquitter ensemble les arrérages d'une rente constituée avant le mariage et grevant un propre.

Le livre de Jostice et de Plet (1) expose clairement la situation : « Et si le feme que je prendrai doit et n'a riens et « je aie assez, sui-je tenuz a sa dete, ou elle en ceste forme ? « Oïl, car je la praing atot son fez et ele moi atot le mien ».

C'est la même idée que Loysel reprendra plus tard et formulera ainsi : « Qui épouse le corps, épouse les dettes ».

Interdit pendant tout le Moyen Age et l'Ancien Régime, le prêt à intérêt était pratiqué par les Juifs qui en avaient presque le monopole : pour se procurer de l'argent ou se créer des revenus, il fallait avoir recours aux financiers israélites ou « lombards » comme on les appelait, mais plus souvent leur situation instable et précaire faisait préférer la constitution de rentes sur un bien fonds ; une vente du 6 Avril 1385 nous montre deux époux obligés de vendre un immeuble propre au mari ; veuve en premières noces, la femme s'est engagée du vivant de son premier mari dans des opérations aventureuses, elle a emprunté de fortes sommes d'argent et passé des contrats très onéreux qu'il faut enfin liquider et régler. Un court extrait de cette vente fait voir le second mari payant les dettes du premier, dettes mobilières antérieures

(1) Livre de Jostice et de Plet, p. 302,

au mariage : « Jean de Gournay, dit Maillart, écuyer et
« Jeanne Destautelly (?) sa femme, veuve en premières noces
« de Firmin Lescne, vendent à noble homme Enguerrand
« de Soirel, dit Lionnel, chevalier, seigneur de Blangy-
« sous-Poix, les terres, manoir, fief, revenues, appartenances
« et appendances d'icelui, scitué ou estant en le ville terri-
« toire et appartenances de Quevauviller, lequel jadis et
« naguère fut et appartint a défuncte Mme de Pierrepont en
« Normandie..... et ce pour leur prouffit cler et évidam-
« ment apparent, pour malvais marchié esquiever et eulx
« acquicter envers plusieurs leurs créanciers juifs, lombars
« et aultres personnes, envers lesquelz ilz étoient tenus et
« par lettres royaux obligiés en certaines et très grans
« sommes de monnoye et la plus grande partie par le fait
« advenu par ledit feu Fremin, ou temps de sa vye et à sa
« cause et par ladicte demoiselle, durant le conjonction
« de mariage dudit Fremin et de elle ». (1).

Nous n'insistons pas sur les dettes délictuelles ou contractuelles du mari : seigneur et maître des conquêts, il peut
sans contrôle, avec les revenus de la communauté, effacer
les conséquences de ses délits et solder les résultats de ses
engagements.

Quant aux dettes, nées du chef de la femme, le mari ne
répond que de celles pour lesquelles il a donné son consentement ; il faut que le contrat qui lie la femme soit valable
aux yeux du mari. Nous avons vu qu'elle ne peut ni vendre
un propre, ni doter un enfant commun sans le consentement
de son « baron » : l'acte de l'épouse doit être aussi un peu
l'œuvre propre du chef de la communauté ; on comprend
alors que la dette qui en résulte retombe sur la « compagnie ».

Par ses délits, la femme peut aussi engager la communauté et la Vieille Coutume d'Amiens nous donne une très
longue liste de « forfaits » et de « laits dits », sorte de code
pénal où sont énumérées les peines les plus diverses, corpo-
relles ou pécuniaires, souvent très sévères et arbitraires.

---

(1) Archiv. du dép. de la Somme. Titres de la famille de Louvencourt,
E. 444, 1re pièce.

La dette née d'un délit de la femme sera naturellement supportée par la communauté : c'est au mari de surveiller sa femme, dit Beaumanoir ; de plus, d'après l'art. 21, nous l'avons vu, les époux peuvent s'assister en justice et l'amende n'est point due pour avoir pris le fait et cause de son conjoint. Si la femme est condamnée, c'est le mari qui paiera avec les revenus communs : le système des récompenses n'est pas encore organisé et c'est en définitive la communauté qui supportera l'amende.

Ce qui nous confirme dans cette idée, c'est que le mari est responsable de la conduite de ses enfants : l'art. 29 le condamne à payer l'amende pour leurs délits : « Se li fix au « borgeois qui est en le mainburnie son père, forfait aucun « forfait », l'amende pourra se monter à LX livres. Pourquoi les délits de la femme ne retomberaient-ils pas sur la communauté comme ceux des enfants ? N'est-elle pas rivée au foyer domestique plus fortement qu'eux ? Lui faire régler les conséquences de ses délits à l'aide de ses biens propres, c'eût été tout à fait contraire aux mœurs de l'époque, mais avec son « baron » n'est-elle pas la communauté ? Les dettes du mari sont dettes de la communauté ; pourquoi celles de la femme ne le seraient-elles pas ?

B. Administration et Dissolution de la Communauté

Le mari est le chef absolu de la communauté, il peut disposer à son gré des meubles, des fruits des héritages, mais il ne lui est pas plus permis à Amiens que dans la coutume de Clermont de dissiper les conquêts de communauté : la femme, même sous la dépendance du mari, est plus qu'une associée intervenant seulement pour le partage, elle a déjà pendant le mariage un droit propre sur les biens acquis. Pour les aliéner, Beaumanoir exige le concours de la femme et la coutume de Bretagne dit qu'elle « est aussi grande que l'homme dans les conquêts ».

L'art. 28 des Anciens Usages d'Amiens permet au père et à la mère d'en disposer comme ils l'entendent et séparément ; le « devis » ou partage fait part l'un des deux époux sera observé sans s'occuper des dispositions de l'autre conjoint (1).

Des explications très nettes données par Beaumanoir et par le Livre de Jostice et de Plet, on peut conclure que chaque conquêt constitue plutôt un propre par moitié, qu'un véritable bien de communauté ; le Livre de Jostice exige l'accord des deux époux pour la vente du conquêt et il s'exprime ainsi : « l'en ne puet changier ne vandre choses, « à totes les foiz que mariage est fez et heritages est joinz « au mariage ou conquis en mariage : l'en ne le puet chan- « gier ne vendre, se n'est par l'acort as deus parties, ne « conquest s'il y sont fet, car si tost comme conquez est fez « en mariage, il est tornez à héritage » (2), c'est-à-dire qu'il est devenu un propre pour les deux époux.

Jeanne de Castille, comtesse de Ponthieu, lègue à son neveu, du vivant de son mari, toute sa part d'acquêts, comme s'il s'agissait de propres : « acquets que nous avons fait et « ferons ensamble entre moi et mon seigneur durant notre « mariage pour en jouir après le décès de mon seigneur ». (3)

Cependant si le mari a vendu, avec le consentement de sa femme, un immeuble à elle propre, il n'est pas question dans les Anciens Usages d'Amiens d'un système de récompenses venant compliquer la communauté ; aucune coutume à cette époque n'en fait mention ; le Livre de Jostice parle cependant d'un « contrepoids » conventionnel ordinairement fourni à la femme ou à ses héritiers par ceux du mari pour la dot des enfants constituée en conquêts (4).

(1) Les époux peuvent donner en dot leurs acquêts à leurs enfants, le mari seul, ou la femme assistée du mari, ou tous les deux conjointement.

(2) Livre de Jostice et de Plet, p. 173 et 174.

(3) Archiv. du dép. de la Somme. Fonds de l'Evêché d'Amiens, G. 359.

(4) La Très Ancienne Coutume de Bretagne dit que si les deux époux sont morts et que la dot des enfants a été constituée en conquêts, « le hoir principal au père est tenu à *rescompassionner* la femme au père de ce que li en porroit appartenir ». Chap. CCXI.

Nous ne trouvons aucune trace de cette règle dans notre vieille Coutume locale, les fonds provenant de l'aliénation tomberont dans la communauté et seront à la discrétion du mari ; il est vrai que les aliénations sont rares à cette époque : nous verrons au Chap. du Douaire que les ventes ont lieu la plupart du temps par nécessité ou par besoin.

Cependant on disait avant Loysel qu' « un mari ne peut se lever trop matin pour vendre le propre de sa femme » (1) et il faut attendre le xvi⁰ siècle et les commentaires des coutumes pour voir la théorie des récompenses fermement établie et organisée.

Quant à ses héritages personnels, le mari peut les aliéner librement : l'hypothèque légale de la femme est encore inconnue et le douaire paraît ne l'avoir remplacée que dans une certaine mesure, puisqu'il ne frappe d'inaliénabilité que quelques immeubles seulement. Cette question sera étudiée tout au long dans le chapitre suivant.

La gestion de la Communauté et la responsabilité très lourde qui en découlait pouvait retomber parfois sur la femme, surtout quand les époux étaient des commerçants ; c'est à la femme de prendre la direction des intérêts de la communauté : après le mari n'est-elle pas la principale intéressée ? C'est cette idée qui est exprimée très clairement dans le passage suivant des *Olim* (1264), n⁰ VIII, édit. Beugnot : « Major et jurati Ambianenses petebant talliam a « quadam muliere, burgensi Ambianensi, que erat uxor « cujusdam burgensis, jurati sui et mercandias exercebat. « Ipsa respondit et contrario quod non tenebatur hujusmodi « talliam solvere, quia maritus suus erat leprosus. Ad hoc « respondebant major et jurati quod solvere tenebatur ipsa « talliam dicta mulier, cum maritus non sit divisus ab ea,

---

(1) Voici ce que disait Loysel : *Institutes Coutumières*, liv. I, titre II, max. XIV : « Car ce qui se disoit jadis que le mary se devoit relever trois « fois la nuict pour vendre le bien de sa femme a finalement été réprouvé « par plusieurs Arrêts et Coustumes modernes. Parce qu'il est constant que « par notre Jurisprudence, le remploy des propres de la femme alienez pen- « dant la communauté doit être fait sur les biens de la communauté et subsi- « diairement sur les biens du mary. »

« et bona sua sint adhuc communia inter ipsos : Determina-
« tum est quod ipsa mulier tenebatur solvere talliam supra-
« dictam. »

Aucun texte des Anciens Usages ne met entrave au droit
de l'épouse d'aider son mari en s'obligeant avec lui : on ne
constate aucune trace d'intrusion velléienne et, comme le fait
remarquer Augustin Thierry dans ses explications sur la
Charte d'Amiens (1), *aucun article ne peut être noté en particulier comme dérivant d'un texte formel de droit romain.*
Nous pouvons en dire autant des anciennes coutumes du
XIIIᵉ siècle.

Néanmoins, pour donner une plus sérieuse garantie à la
partie adverse, la femme renonce habituellement au Velléien
établi en sa faveur par les lois romaines : l'usage des renonciations sévit à Amiens à cette époque avec intensité. On
lira avec profit le large extrait ci-joint d'un travail très
approfondi de M. Meynial sur les Renonciations au Moyen
Age et dans notre ancien droit (2) : « Les principaux meneurs

(1) AUGUSTIN THIERRY, *op. cit.*, t. I, p. 106.

(2) E. MEYNIAL. Nouvelle Revue historique du Droit français. — Des
Renonciations au Moyen Age et dans notre ancien droit. — Année 1900.

Aux XIIᵉ, XIIIᵉ et XIVᵉ siècles et même plus tard, les renonciations sont la
règle et non pas l'exception dans les actes ; on les trouve partout ; elles s'é-
tendent à tous les actes juridiques ; elles s'y multiplient à propos et hors de
propos ; on renonce à tous les droits du monde à propos d'un acte où ces
droits ne peuvent s'exercer... Les notaires ont tellement peur qu'un bénéfice auquel ils n'ont pas songé vienne, comme une embûche de procédure,
rendre leur acte sans effet, qu'ils versent toutes les renonciations à la fois et
même qu'ils en reproduisent partout les mêmes termes sans les comprendre,
comme ils feraient d'une formule cabalistique...

Une pareille fréquence et une pareille étendue d'application des renonciations révèle, pour l'époque où elle se produit, un malaise juridique, une
sorte de desharmonie entre les règles écrites du droit et les aspirations
communes de la conscience publique. Les renonciations sont à ce degré une
véritable protestation contre la loi établie, une insurrection contre son autorité et elles ont pour résultat par leur durée d'ébranler cette loi, au moins
d'en atténuer la rigueur... Il y eut à cette révolte indiscutable contre la loi
au Moyen Age bien des causes, dont la plus grave fut peut-être l'importation
en France de la législation de Justinien. On sait comment au XIIᵉ siècle, en
Italie, l'École de Bologne parvint à donner aux compilations de Justinien
une autorité telle qu'elles n'en avaient jamais eu auparavant et que le droit

« de ce combat, dit-il encore, furent les praticiens ; ils
« eurent de puissants alliés dans les canonistes » : nous
rencontrons, en effet, des renonciations au droit romain dans
trois actes passés devant l'officialité d'Amiens : en 1265,
Wulfran, dit Mulet, et Adam, son épouse, vendent à l'abbaye
d'Epagne, près d'Abbeville, neuf journaux de terre moyennant 46 livres parisis ; voici les dernières lignes du document : *renuntiaverunt expresse omnibus privilegiis per se
indultis et indulgendis. exceptioni non numerate pecunie,
auxilio legis Velleiane, beneficio restitutionis in integrum et
omnibus rationibus juris et facti que contra presentes litteras..... obici possent seu proponi* (1).

Dans un second document, en 1286, à propos d'une
vente de douaire de la femme au village de Camon (2), les
époux renoncent à l'exception *fori, doli, non numeratæ pecu-*

romain ancien avait perdue depuis longtemps. Les divers textes du Code et du
Digeste, épurés, commentés, conciliés dans la glose et dans les ouvrages
doctrinaux des glossateurs, répandus au loin par l'éclat d'un enseignement
qui attirait en Italie des représentants de toutes les nations, emportés à leur
retour par ces étudiants à leurs compatriotes comme la loi révélée, furent
sur le point de devenir la loi commune du monde occidental. La Gaule fut
inondée par le droit romain du Midi jusqu'au Nord et il n'y eut personne
pour arrêter le flot. On ne signale pas de résistance parmi les hommes de
doctrine ou dans l'enseignement. A peine des clercs, comme S. Bernard, s'ef-
frayèrent-ils de cette submersion pour la loi de l'Église qui n'était pas sûre
d'y survivre.

Mais ce fut un tout autre travail que de faire passer dans la pratique les
résultats qu'acceptaient les hommes de doctrine. L'œuvre dura fort longtemps et les renonciations furent l'arme principale de la résistance. Puisqu'il
fallait accepter la loi romaine comme applicable et qu'on n'était ni assez fort
ni assez savant pour la rejeter en bloc, il n'y avait qu'à l'annuler dans ses
dispositions gênantes, qu'à faire disparaître en y renonçant les règles particulières qu'on désapprouvait. Je ne dis pas qu'on ait vu les choses aussi
clairement, mais c'est ce raisonnement qu'on mit en pratique. De très bonne
foi, les mêmes hommes qui considéraient le droit romain comme la loi écrite,
éprouvèrent instinctivement ce sentiment de répulsion pour quelques-unes
de ces institutions. Cela s'est fait tout seul, sans dessein prémédité, sponta-
nément et universellement : la renonciation a apparu avec le droit auquel on
renonçait, comme une forme aussi nécessaire et aussi légitime.

(1) V. DE BEAUVILLÉ, *op. cit.*, t. III, p. 43.
(2) CAMON, village sur la Somme, à 3 kilom. d'Amiens.

nix (1); dans un autre acte que nous retrouverons au chapitre suivant, Pierre de Rouveroy et Jeanne, sa femme, qui ont vendu le fief de ce nom à l'abbaye du Gard, renoncent en 1289, *omni auxilio juris canonici et civilis, exceptioni fori, doli, mali, non numerate pecunie, non solute, omni lesioni et deceptioni ultra medietatem justi precii et omnibus aliis exceptionibus juris et facti que eisdem et eorum heredibus possent prodesse.....* (2).

Enfin dans une vente de la fin du xive siècle (1389), on s'aperçoit que la lutte s'est apaisée, comme dit M. Meynial, et que l'intransigeance primitive du contractant s'est adoucie : Ysabelle de Blandin, veuve de Jean de St-Quentin renonce simplement en ces termes : « Renunchans ladite « demiselle Ysabel par le foy et sairement à toutes fraudes, « barres, cauteles, cavillations et decevances, à tout aide de « droit escript et de fait, au droit disant général renunciation non valoir (3).

La séparation de biens n'est aucunement prévue dans la Vieille Coutume qui ne dit pas un mot de la conduite que peut tenir la femme en cas de dilapidation de ses biens et de ceux de la communauté par le mari ; Beaumanoir n'admet que la séparation de fait dans des cas très graves et précis et il ne donne aucun remède contre la mauvaise gestion du « baron ». L'art. 37 (4), déjà cité, de notre Vieil Usage dit bien que les époux ne peuvent être « asserurés l'un de l'autre tant comme ils sont ensamble et lors bien de quemuns » : ce texte peut laisser croire à une séparation possible de corps et de biens ; cependant nous n'osons pas nous engager trop loin dans cette voie et nous renvoyons à Beaumanoir.

Si nous passons à la dissolution et au partage de la communauté, les Anciens Usages d'Amiens nous fournissent des textes relativement nombreux : on dirait que les bourgeois

---

(1) Archiv. du dép. de la Somme. Inventaire du Chapitre de Notre-Dame d'Amiens. Armoire 3, liasse 45, n° 1.

(2) V. de Beauvillé, *op. cit.*, t. II, p. 54.

(3) Archiv. municipales de la ville d'Amiens. Registre aux Chartes AA.I, folio 88.

(4) Art. 37 de 1210.

ne soupçonnent de difficultés et de solutions contestées que lorsqu'il s'agit de régler les droits des époux.

Beaumanoir permet à la femme de renoncer à la communauté pour être dispensée de payer les dettes (1), mais elle emporte son douaire libre de tout passif. Notre coutume est muette sur ce point.

Le partage de la société de meubles et de conquêts est déjà signalé par la Charte comme se faisant par moitié : « Se « li home ou le feme aquièrent aucune possession en lor vie « et li 1 muert, cil qui remanra ara a par lui le moitié et li « enfant l'autre » (art. 35) ; si les enfants sont morts, l'art. 22 accorde même au survivant des deux époux la jouissance viagère de tous les acquêts réalisés pendant le mariage s'ils n'ont été donnés ou légués par l'époux précédé : « S'aucuns « home ou se feme ont enfans ensemble et il avient que li « enfant muerent, cil qui sorvivra, soit li hom ou le feme, « tenra en pais ce qu'il tinrent ensemble de lor acomquere- « menches totes sa vie de chelui qui mors est avant ».

Dans la coutume de 1210, l'art. 63 *in fine* répète la même règle du partage par moitié : « Se le feme muert ou li barons, « cil qui sorvivra aura le moitié de toutes les aquestes que il « ont ensamble aquises et le moitié de tous les muebles à « faire chascuns à se volenté, mais les robes principaux qui « demeurent à le feme, se ses barons muert avant sont soies « sans part d'autrui et à l'omme aussi » : les principaux vête- ments, *robes*, sont laissés au survivant, « à l'omme aussi », comme préciput, francs de dettes et hors part.

Enfin l'art. 47 de 1290 donne plusieurs explications assez décousues et assez énigmatiques : si des enfants sont nés pendant le mariage les meubles et acquêts se divisent en trois parts à la mort de l'un des deux époux « et en a li mort le « tierch, et le vif le tierch et li enfant l'autre tierch ». La coutume de Normandie (art. 392) contient une disposition à peu

(1) En renonçant aux meubles seulement, la femme renonce à la commu- nauté puisque les conquêts immeubles sont réputés propres pour moitié à chaque conjoint. La renonciation était une cérémonie très symbolique : la femme jetait sur la tombe de son mari, à la fin des obsèques, ses clés, sa bourse et sa ceinture.

près semblable pour le partage des meubles après le décès
du mari ; la très ancienne coutume de Bretagne (chap. 42)
indique la même règle : si les roturiers dont la communauté
se dissout ont des enfants nés de leur union, leurs biens
meubles « doivent être départiz tierz par tierz ». Dans ces
coutumes, le tiers laissé au mort était consacré à payer les
frais des funérailles ; le reliquat de ce tiers passait ensuite
aux enfants. Ne formait-il pas dans notre vieille coutume la
quotité disponible laissée à chaque époux pour ses « devis »
ou dispositions testamentaires ou entre vifs, puisque l'art. 47
in fine (1) dit que si le prédécédé du père ou de la mère n'a
pas disposé de ses meubles et acquêts, sa part reviendra aux
enfants (2).

Quant aux immeubles, l'époux survivant ne prend que ses
propres, ceux qu'il a apportés : « S'il y a hyretage qui viengne
« du costé cheli qui trepassés est, li enfant l'emporteront,

(1) Anciens Usages municipaux d'Amiens, Art. 47 (vers 1290). — Derekief
si tost que liquelz que soit de l'omme ou de le femme va de vie a mort, si
bien sont partis en III, et en a li mort le tierch, et le vif le tierch et li enfant
l'autre tierch, aussi bien 1 que pluseur. Et s'il y a hyretage qui viengue du
costé cheli qui trepassés est, li enfant l'emporteront ; ne chieus qui demourra
en vie, soit li homs ou le femme, n'en ara rieus, pour che qu'il ne vient de
sen costé. Et converra que li mœble soient mis en le main de le ville, se li
pères ou le mère qui en vie demourera ne les veult avoir en warde ; et s'il les
veult avoir, il convient qu'il fache seur d'hyretage et si souffisamment que se
li édifices que seur l'yretage seroit (qui serviraient de garantie), quéoit ou
périssoit par aucune aventure, que li fonds de le terre vausist lez deniers, ou
autrement il n'aroit mie l'argent, ains demourerroit en le main de le ville,
dusquez à tant que li enfant seroient aagié. Et se li enfant n'en voloient
prendre nulle bonté, il seroient quite de le taille de tant comme a leur argent
appartenroit. Ne ne poet nulz, tant soit prochains, warder les deniers des
orphelins, fors li père ou le mère. Et s'il va de vie à mort du père et de le
mère sans faire devis de tous ses mœblez et de ses acquestes, che qui
demourera qui ne sera devisé, esquerra à ses enfanz, aussi bien à l'un comme
à pluseur. Et s'il deffaut d'aucun des enffans, li mœuble esquerront au père
ou à la mère qui sera en vie et n'esquera mie as enfants. Et li hyrtages des
enfans esquerront au costé de le part dont il leur est venus ; car mœublez
sieut prochaineté et hyrtages sieut costé.

(2) L'art. 4 de la coutume d'Amiens rédigée en 1507, reproduit presque
dans les mêmes termes, mais plus clairement, le texte de l'art. 47 des Vieux
Usages ; nous en reparlerons dans le chapitre III.

« ne chieus qui demourra en vie soit li homs ou le femme
« n'en ara rien pour che qu'il ne vient de sen costé ».

Si un enfant fait défaut au partage, sa part de meubles
accroîtra au père ou à la mère « qui sera en vie ne n'esquera
mie as enfans » : c'est la négation de l'accroissement entre
frères et sœurs, relativement aux meubles.

Enfin l'article 47 se termine par un adage qui en est
comme le résumé et la synthèse : *car mœublez sieut prochaineté et hyrtages sieut costé.*

La question des meubles paraît avoir été une cause fré-
quente de discussions et d'embarras ; si au décès de la
femme le mari a négligé d'en faire inventaire et qu'à leur
majorité les enfants viennent en réclamer leur part, l'article
13 des Anciens Usages de 1210 répond que le père « qui
juerra sor sains », établira par serment ce qui doit leur
revenir : c'est un moyen d'éviter la confusion du mobilier
de communauté avec celui acquis par le père pendant son
veuvage.

Il en sera de même pour la femme si le mari est mort sans
avoir fait « devis et sans esclairier ses muebles » ; elle
indiquera « par son sarement toutes les choses que ele sara,
« esclaierra et mostera avant » ; mais les enfants pourront
contre leur mère, prouver et établir leurs droits sur certains
meubles qu'ils désigneront (1).

Comment pourrait-on résumer le système de la Communauté tel qu'on le rencontre dans les Anciens Usages

---

(1) ART. 13. — Derechief, se li hom ou le feme ont enfans ensamble et il
avient que le feme muire sans ordenance faire de se partie, et li hons sorvit
sans esclairier le nombre de ses muebles, par le serement del père qui
juerra sor sains combien il avoit adont de mueble, si fera le partie as
enfans sauve et esclairie quant li enfant venront en eage et il le requerront ;
et se il sont désaagiés, li requereur aront lor partie tele comme il doivent
avoir souffissamment.

ART. 14. — Derechief, si le hom muert sans faire devis et sans esclairier
ses muebles et se feme demeure vivans aprez le mort son baron, que il n'ait
dit ne esclairié as enfans lor partie de ses muebles et de ses biens, la feme
qui demeure vivans, par son sarement, toutes les choses que ele sara,
esclaierra et mostera avant ; et s'autre chose i a que li enfant puisse prover,
aportées et mises seront avant et parties souffissamment.

municipaux d'Amiens ?· On ne peut que préciser certains points moins obscurs, particulièrement mis en lumière dans la Vieille Coutume ; voici les quelques idées maîtresses et certaines que nous croyons pouvoir en tirer : la Communauté est le seul régime matrimonial connu à Amiens ; le mari est le maître absolu des biens de la femme ; activement, la communauté se compose de la jouissance des héritages et de la propriété des meubles et des conquêts ; passivement, elle doit régler toutes les dettes mobilières des époux antérieures au mariage et par conséquent les dettes postérieures délictuelles ou contractuelles, causées par l'un quelconque des époux (ceci est moins évident) ; les immeubles propres du mari sont inaliénables sans le consentement de la femme, s'il les lui a constitués en douaire ; deux obstacles peuvent s'opposer à l'aliénation des propres de la femme par le mari : le consentement de l'épouse à obtenir et parfois aussi ce douaire bizarre que nous verrons établi sur les biens de la femme elle-même ; enfin les biens de la Communauté se partagent par moitié entre les époux, sauf les difficultés du partage par tiers avec les enfants.

Cette Communauté tient le milieu entre notre communauté réduite aux acquêts et la communauté légale de notre Code Civil.

Ce n'est pas la Communauté légale, puisque le conquêt ne comprend aujourd'hui que les biens acquis à titre onéreux pendant le mariage, tandis qu'autrefois on considérait comme conquêt l'immeuble même reçu à titre gratuit par tout autre qu'un ascendant ; ce n'est pas non plus la Communauté d'acquêts, puisque les dettes mobilières antérieures au mariage tombent en communauté.

Il n'y a simplement à Amiens au xiiiᵉ siècle, comme dans la plupart des Coutumes, qu'une large société de meubles, d'acquêts et de dettes ; nous la retrouverons intacte au xviᵉ siècle dans la Coutume du Bailliage, mais elle aura perdu son caractère original et bien français, surtout à cause des emprunts considérables faits au droit romain et du rôle trop effacé laissé à la femme.

III. Le Douaire au XIII° siècle.

Section 1ʳᵒ. — Le Douaire de la Femme.

Au XII° siècle, le douaire est une institution déjà fermement établie ; il existe dans toutes les coutumes, dans celles qui admettent la Communauté comme dans celles qui la repoussent.

On croit le rencontrer d'abord chez les Germains sous le nom de *dos ex marito*, usage constant parmi les barbares ; c'est aussi le don du mari à la femme, le présent qu'il lui fait en pleine propriété le lendemain des noces, le *morgengab* ou don du matin.

Après les invasions, l'Eglise crut devoir s'emparer du douaire pour le fortifier : la bénédiction nuptiale était refusée à qui ne voulait pas le promettre.

Bien avant Philippe-Auguste, six siècles avant « l'establissement du bon roy Phelippe » qui, selon Beaumanoir, rendit le douaire légal en le fixant à la moitié des immeublés possédés par le mari au jour du mariage, la loi Ripuaire (milieu du VI° siècle), permettait déjà à la femme de réclamer pour son douaire cinquante *solidi* à prendre sur la succession de son mari (1).

Le douaire au XIII° siècle est un gain de survie accordé à la femme pour lui assurer, après la mort de son mari, le

_____

(1) Nᵒ 2, titre 37. La femme recevait également le *morgengab* qui, à différence de la *dos ex marito*, n'eut jamais aucun caractère obligatoire dans les lois barbares.

même genre d'existence qu'elle a menée pendant le mariage, pour ne pas faire tomber dans une situation trop inférieure la mère et l'épouse qui va se trouver chargée de l'éducation des enfants, pour lui permettre de supporter dignement son veuvage.

Il nous semble impossible de savoir à quelle époque le douaire apparaît à Amiens ; la charte municipale confirmée par Philippe-Auguste en 1190, parle du douaire dans son art. 21, comme d'une institution couramment admise, mais sans donner aucune explication : « Feme ne puet vendre ne « mettre en gage son douaire fors au plus prochain oir et d'an en an..... »

Le laconisme de la Charte permet seulement de constater, à Amiens au xii⁰ siècle, l'existence du douaire de la veuve : un document authentique de 1155 va nous permettre d'étudier son fonctionnement : il montre la femme ratifiant la donation de l'immeuble sur lequel repose son droit. Les religieux de l'abbaye de Saint-Jean-lez-Amiens avaient reçu de Guy, comte de Ponthieu, la terre de la Vicogne (1), *Guido longo tempore antequam moreretur, pro anima sua predicte ecclesie concessisse agnoscitur.* Ida, comtesse de Ponthieu et veuve de Guy, intervient alors avec ses deux fils dans un acte postérieur et elle s'exprime ainsi : *Ego Ida, mater Johannis et Guidonis, et Pontivi comitissa, hanc concessionem quam filii mei pro anima patris sui ecclesie sancti Johannis Ambianis faciunt, multum laudo et quantum ad me attinet ipsam quoque elemosinam prefate ecclesie pro anima comitis Guidonis domini mei, sponsi mei, benigne concedo et ad eam confirmandam, huic carte, sigillum meum appono, quoniam tota Viconia de dote est, quam dedit mihi in die desponsationis mee Guido comes* (2).

La terre de la Vicogne donnée à l'abbaye de S. Jean faisait partie du douaire constitué par le mari à la femme au jour du mariage : c'est bien là le douaire conventionnel sur un immeuble ; il ressort aussi très clairement que la donation

(1) Annexe de Doullens (Somme).
(2) V. le Beauvillé, *op. cit.*, t. II, p. 5.

ne serait pas valable si la femme ne renonçait pas à son droit
de jouissance, sans recevoir ici aucun bien en échange
comme cela se faisait habituellement au xiii° siècle.

A cette époque, la question du douaire, assez mal régle-
mentée dans la première rédaction des vieux usages municipaux de 1210, apparaît rédigée avec suite et méthode dans
ceux de 1290. On peut s'étonner de rencontrer tant d'atten-
tions et de sollicitude pour une institution particulière, alors
que tant d'autres au moins aussi importantes, capitales
même, sont traitées dans les vieilles coutumes avec une
désinvolture et une insouciance complètes ; la vraie raison
c'est que les jurisconsultes bourgeois innovent en cette
matière : l'ordonnance de Philippe-Auguste de 1214 ne s'ap-
plique pas sur le territoire de la Commune, « et cest esta-
« blissement, dit Beaumanoir, commanda il a tenir par tout
« le royaume de France, exceptée le couronne et plusors
« baronies tenues du royaume, lesqueles ne se partent pas
« a moitié par le douaire, ne n'emportent les dames en
« douaires fors ce qui est enconvenencié en fesant le ma-
« riage. Et devant cest establissement du bon roy Phelippe,
« nule feme n'avoit douaire fors tel qui li estoit convenancié
« au mariage. Et bien apert que la coustume étoit tele
« anciennement, par une parole que le li prestres fet dire
« à l'omme quant il espouse, car il dist : « Du doaire qui
« est devisés entre mes amis et les tiens, te deu » (1).

Amiens rentre bien dans l'exception prévue par l'ordonnance royale : dans le comté et la commune, réunis à la couronne en 1190, « n'emportent les dames en douaire fors ce
« qui est enconvenencié » et l'art. 37 des Vieux Usages de
1290 explique d'une façon aussi claire qu'imprévue quels
étaient la nature et le mode d'acquisition du douaire au
xiii° siècle : « Derekief, cascuns peut donner à se femme de
« sen hyretage et convient qu'il soit nommés. Car se 1 homs
« a pluseur hyretages, se femme ne sera douée fors de chou
« que nommé sera et y ert li douaires dont le femme y ert
« douée obligiés au douaire. » Le doute n'est point permis

1) Beaumanoir, XIII, 12.

et l'expression est assez énergique : la femme n'a et ne peut avoir d'autre douaire que celui qui lui a été constitué formellement par le mari, *fors de chou que nommé sera;* il ne s'agit ici que du douaire conventionnel, réglé par le mari et on ne rencontre dans les Usages municipaux aucune trace de douaire coutumier, obligatoire, fixé a une quotité quelconque.

A quel instant précis le douaire est-il acquis à la femme ? Dans quel délai doit-il être convenu ?

L'art. 43 (1) nous indique avec force détails à partir de quel moment il peut être constitué par le mari : « Derekief, « li homs poet bien douer se femme puis le mariage et sera « li douaire des conditions dessus dictes aussi bien que se « il l'en douoit à l'espouser, mais que elle n'ait eu douaire à l'espouser ».

On a l'impression assez nette que la constitution de douaire était fréquemment contemporaine de la célébration du mariage, mais toute latitude est laissée au mari ; s'il lui plaît de ne le constituer qu'après plusieurs mois ou plusieurs années de vie conjugale, il est entièrement libre ; il peut se montrer pour sa femme d'une générosité sans limites, lui laisser, pour le cas où elle deviendrait veuve, la jouissance de tous ses meubles et même de tous ses biens, mais elle peut aussi se voir privée de tout gain de survie par suite de la négligence ou du mauvais vouloir de son « baron ».

Constitué avant ou après le mariage, le droit au douaire est le même pour la femme, mais l'art. 47 dit expressément qu'il est interdit de l'accroître : le mari peut bien donner à sa femme de nouveaux droits de jouissance sur d'autres biens, même s'il l'a déjà douée « à l'espouser » ; mais dans ce cas « il convenroit qu'elle se passat du douaire que elle aroit « eu à l'espouser » ; c'est un choix à faire entre le douaire contemporain du mariage et le douaire établi plus tard par le mari et il y a à cela une raison de convenance, « car li ne « li convenroit mie acroistre sen douaire pour les fraudez « qui y porroient estre pour les debtes et pour les hoiz ».

(1) Art. 43 de 1290.

Dans les trop rares contrats de mariage que nous avons pu mettre à jour, il n'est aucunement question du douaire de la femme, ni dans celui de Jean de Varennes et de Jehanne de Picquigny en 1292, ni dans ce qu'on peut appeler la disposition matrimoniale de Robert d'Ailly qui épouse en 1342 Marguerite de Picquigny (1).

Il serait temps de nous demander maintenant sur quoi reposait ce douaire déjà original par son mode de constitution, quelle pouvait être son assiette.

C'est là surtout que l'esprit novateur des bourgeois s'est donné libre carrière ; on se sent dans une commune émancipée : d'après l'Ordonnance de 1214, le douaire ne pouvait porter que sur les immeubles dont le mari était propriétaire au jour du mariage ; mais le mari peut ne posséder alors aucun bien ; simple bourgeois affranchi, artisan, waidier ou sayteur, il peut n'avoir pour toute ressource que les outils de sa profession et les quelques meubles indispensables. Cependant les époux ont pu depuis le jour du mariage, acquérir des immeubles par succession, donation ou bien encore avec leurs économies. Pourquoi le mari ne pourrait-il pas en laisser la jouissance viagère à sa femme ? Le bon sens populaire l'imposait presque et c'est ainsi que s'exprime l'art. 44 : « Derekief, cascuns poet douer se femme de « s'aqueste qu'il ara faite, aussi bien comme de sen hiretage, « et des acquestes qu'il feront ensanle »,

Nous ne voyons même pas d'obstacle à ce que le mari ait pu établir le douaire de sa femme sur des biens meubles à lui propres ou sur des biens communs ; sauf la difficulté pour la femme, de jouir de choses consomptibles : c'eût été le quasi-usufruit (2).

Assurément la coutume parle toujours d'héritages quand il

(1) Il est question du douaire de la femme dans le contrat de mariage du comte d'Etampes et de Jacqueline de Picquigny, fille de Raoul, vidame d'Amiens en 1435. Le contrat de mariage est dressé en présence du duc et de la duchesse de Bourgogne. — Arch. du dép. de la Somme E. 111. Seigneurie de Picquigny.

(2) En Bretagne les premiers *libelli dotis* constituaient le douaire, tant en meubles qu'en immeubles, mais cette habitude avait disparu bien avant la rédaction de la très ancienne coutume (1312-1325). *Thèse de M. Jamont.*

s'agit du douaire, mais. il est permis aussi d'après elle de donner à la femme, à titre viager, des acquêts qui sont aussi bien mobiliers qu'immobiliers, dit le livre de Jostice et de Plet, telle somme d'argent provenant de l'aliénation d'un propre du mari ou de la vente du douaire de la femme, par exemple (1); d'ailleurs sans vouloir, à l'aide d'un cas unique, formuler une règle générale, nous rencontrons la confirmation de cette idée dans une vente de terres passée devant l'Official d'Amiens en 1289: on voit l'épouse recevoir en échange du fief de Rouveroy qui constituait son douaire, une somme de cinquante livres parisis prélevée sur le prix, *quinquaginta libras parisienses de pecunia venditionis suppradicte* (2).

Ainsi, héritages, conquêts de communauté, acquisitions propres, biens donnés ou légués et probablement les meubles, tout peut faire l'objet du douaire de la femme ; si la coutume n'impose pas une quotité fixe et obligatoire, il faut avouer que la part de la douairière est, par contre, singulièrement facile à composer.

Mais la liberté laissée au mari est bien plus grande encore : voici ce que dit l'art. 45 : « li hom peut douer se femme de « sen consentement de l'hyretage se femme aussi bien comme « du sien..... » ; cet article laisse comprendre que la femme peut, quand elle possède des héritages, consentir à laisser établir son douaire sur ces immeubles ; on peut supposer que cette disposition est écrite pour le cas où le mari n'aurait pas de biens fonds, quand sa fortune est de beaucoup inférieure à celle de sa femme : les immeubles propres de la veuve, joints aux quelques acquêts mobiliers que le mari pourra lui laisser, formeront pour la femme un douaire suffisant; et pour ce douaire on devra suivre les mêmes règles que s'il portait sur les biens du mari : « et sera li douaires de toutes les « conditions desseur dictes aussi bien a le femme, pour che

(1) Dans la coutume d'Orléans, le douaire constitué en acquêts étais pris sur la part de biens communs qui devait revenir au mari. La femme prenait toujours un quart des conquêts et à leur défaut un quart des meubles (Art. 221 de la coutume du xvɪᵉ siècle).

(2) VICTOR DE BEAUVILLÉ. Documents inédits sur la Picardie, t. II, p. 54.

« que li douaires vient de sen hyretage, aussi bien comme il
« feroit à l'omme pour le rason de sen hyretage, si comme il
« est par desseur dit ». (1).

Tels sont les modes multiples et surtout si particuliers de
constitution de douaire à Amiens au xiii⁶ siècle ; voyons
maintenant quelles en étaient la nature, la durée et la
manière d'en jouir.

Dans l'ancien droit, le douaire ne fut guère que viager (2) :
c'était logique, puisque son seul but était de mettre la femme
à l'abri du besoin après la mort de son mari : c'est bien ce
que dit l'art. 40 : « Derekief, se li homs moroit avant que se
« femme, le femme tenroit le douaire toute se vie ».

C'est un droit réel se rapprochant beaucoup de l'usufruit :
notre expression : jouir « en bon père de famille », est remplacée dans l'art. 40 par celle-ci : « le femme sera tenue au
« douaire enchensier et retenir souffissamment », et la sanc-
tion est très grave, c'est la privation radicale du douaire qui
passe alors aux héritiers ; ceux-ci doivent surveiller la gestion
de la douairière et signaler toute négligence à l'échevinage :
« li hoir l'en deveroient sommer par devant la maieur et les
« esquevins. Et se par jugement de maieur et par les
« esquevins », la femme ne veut ou ne peut donner à cens
ou entretenir comme il convient les immeubles et les biens
dont elle jouit, « on deliverroit le douaire as hoirs ».

Il faut dire cependant que si par négligence ou mauvaise
volonté la femme ne laissait qu'un seul immeuble sans répa-
tions ou bien ne le baillait pas à cens, « s'il avoit au douaire
« pluseur hyretage de pluiseurs teneures et li uns estoit
« mieudres que li autres et elle ne vausist retenir l'un des
« hyretages, elle ne perderoit fors cheli que elle voulait
« retenir et du chens acquitier ; » si son douaire porte sur
plusieurs héritages, elle ne perdra que celui qu'elle néglige

(1) Art. 45 de 1290. Cette disposition est assez obscure. On ne peut y
voir qu'une sauvegarde plus sérieuse de l'immeuble de la femme, une inaliénabilité plus complète et un avantage pour les enfants à qui ces biens viendront sûrement en douaire.

(2) Il est probable qu'à l'origine, chez les Germains, par exemple, et
même un peu plus tard, le douaire fut constitué en pleine propriété.

d'entretenir : c'est une manière indirecte pour elle de renoncer au douaire même après l'ouverture de son droit de jouissance qui peut lui être enlevé à cause de sa négligence.

Mais la femme ne peut-elle pas renoncer à son douaire pendant le mariage ? Aucun texte ne le dit expressément ; cependant on verra tout à l'heure qu'il lui est permis de laisser vendre son douaire par le mari : c'est une autre manière de renoncer à ses droits par une voie détournée.

La femme devient maîtresse de son douaire dès qu'il lui est constitué par le mari : « ne le peut li hom vendre, ne « quarquier de nulle querque se che n'est par le gré de le « femme ; mais par le consentement de le femme entre aus « Il le poeut vendre ou querquier d'aucune carque. » Et c'est ici que l'intérêt de la femme qui a consenti à recevoir en douaire son propre immeuble est bien visible : aucune charge, rente, cens ou hypothèque ne peut être établie sur lui sans sa volonté ; c'est peut-être le seul avantage réel qu'elle puisse retirer de cette sorte de douaire.

Nous venons de voir que le mari ne pouvait ni grever ni vendre l'immeuble affecté au douaire sans le consentement de la femme : cette indisponibilité des héritages n'était pas sans être souvent gênante pour le crédit et la gestion du mari. L'art. 46 nous explique que les époux peuvent vendre de leur consentement les immeubles « de quoi li douairez a esté fait » : nous avons recueilli plusieurs actes relatifs au douaire, tous passés devant l'Officialité d'Amiens ; ces documents prouvent que la vente ou la donation d'un immeuble ou d'un droit réel immobilier affecté au douaire de la veuve est une chose courante au XIIIᵉ siècle et que la plupart du temps la femme reçoit en échange un autre bien.

En mars 1286, Pierre d'Amiens et Ermengarde, son épouse, vendent sous le sceau de l'Officialité d'Amiens, à Maître Firmin *ad latus*, une pêcherie sur la rivière de la Somme, *exclusam ville de Camons que fuit Roberti quondam dicti parvi et unam piscariam aque que vocatur aqua du Pierre;* la femme reçoit en échange *duo jornalia et viginti*

*octo virgas terre... territorio de Camons in una pechia quo-
dam loco qu (?)..... vocatur le Herde* (1).

Au point de vue de la compétence les Vieux Usages disent
qu'en matière de douaire les procès ressortissaient tantôt de
la juridiction du Maieur, tantôt de celle du Prévôt et l'art. 40
expose que si une femme ne jouit pas de son douaire comme
il convient, on peut l'assigner devant le maieur et les échevins ; cependant, tous ces actes, ventes ou donations, passés
devant l'Officialité d'Amiens semblent indiquer suffisamment
que les tribunaux ecclésiastiques devaient connaître également des questions relatives au douaire : notre opinion se
fonde principalement sur les quelques lignes qui suivent
d'un savant ouvrage sur les Officialités au Moyen Age (2) :
« Les veuves et les orphelins ont droit au for de l'Eglise,
« au moins lorsqu'ils ne peuvent obtenir justice du juge
« séculier. En ce cas, la veuve demanderesse a, en toute
« matière, la faculté de porter sa demande devant le juge
« ecclésiastique... C'est surtout pour réclamer leur douaire
« que les veuves avaient l'occasion d'agir en justice : en
« Normandie, à la fin du xiie siècle, la question du douaire
« appartenait à l'Eglise quand l'action avait des meubles
« pour objet.

(1) Les époux à la fin de l'acte renoncent à l'*exceptio fori, doli, mali, non
numeratæ pecuniæ*, etc...
Archives du dép. de la Somme. — Chapitre de N.-D. d'Amiens.
— Firmin Bushes et Marie, son épouse, vendent à Maître Hugues de Cur-
tillis un tènement tout proche du four de St-Michel à Amiens ; mais l'immeuble faisait partie du douaire de la femme qui consent à recevoir en
échange, *recipiens a marito suo sufficiens excambium, videlicet domos suas
sitas in vico qui dicitur Mansus episcopi... et quia ecclesia Sancti Martini
ad Gemellos Ambianensis... tres S. capones censuales similiter a dicto tenemento exigebat, dictus Firminus de consensu Marie uxoris sue et filiorum
suorum dictos censuales dicte ecclesie super tenemento suo sito in Manso
episcopi promisit se annuatim redditurum...*
Idem. Inventaire du chap. de N.-D. d'Amiens, G. 1100, sceau intact.
— Enguerrand de Malrecoët vend à l'Abbaye d'Épagne 20 journaux de
terres situés à Domesmont (Somme) : la femme reçoit en échange 10 journaux d'autres terres.
V. DE BEAUVILLÉ, *op. cit.*, t. II, p. 33.
(2) PAUL FOURNIER, professeur à la Faculté de droit de Grenoble. Archiviste-paléographe. *Les Officialités au Moyen Age*. Paris, 1880.

« D'après l'établissement rendu en 1205 (1) par Philippe-
« Auguste et ses barons (2), la femme peut à son choix
« demander son douaire devant les tribunaux ecclésias-
« tiques ou devant la justice royale : toutefois si l'action
« soulève des questions féodales, elle doit être portée devant
« la cour du seigneur ; cette règle fut appliquée par le Par-
« lement et paraît avoir été acceptée par l'Eglise. »

La question du douaire serait épuisée si nous ne nous
trouvions maintenant en présence d'une institution que
toutes les coutumes n'admettent pas, mais qui devait avoir
à Amiens une importance capitale, à en juger par la lon-
gueur des explications et la curieuse originalité du style :
il s'agit du Douaire des Enfants.

Section 2ᵉ. — Le Douaire des Enfants.

Le douaire des enfants et celui des femmes portent sur les
mêmes biens : la femme en a l'usufruit pendant sa vie, les
enfants la nue-propriété ; ce n'est qu'après la mort de leur
mère qu'ils en recueilleront la jouissance effective et entière,
excepté, comme nous l'avons vu, dans les cas de mauvaise
gestion de la veuve.

Toutes les questions qui se rattachent à cette institution (3) sont réglées dans les deux rédactions des vieux

(1) BEAUMANOIR dit 1214.

(2) *Volunt Rex et barones quod vidua possit conqueri Regi vel Ecclesie, si
voluerit, de dotalicio, si non moveat de feodo* — Ordonnances 1-40. —
Olim I, p. 703.

(3) La Charte d'Amiens ne fait qu'une vague allusion au douaire des
enfants : l'héritier a un droit éventuel sur le douaire, il peut seul le prendre
en gage ou l'acheter. Art. 21.

Usages avec les plus minutieux détails : c'est l'art. 39 de la
coutume de 1290 qui pose très nettement le principe :... « et
« si elle (la femme) trespassoit, ses douaires venroit as
« enfans qui seroient issus du mariage, s'ilz sourvivoient le
« père. »

Nous allons essayer de mettre un peu d'ordre et de
méthode dans le fouillis de textes qui, tant bien que mal,
donnent une idée très complète de cette institution originale.

Il faut d'abord examiner quels sont les droits des parents
pendant leur vie sur le douaire qui, plus tard, après la mort
du mari et de la femme, deviendra la propriété des enfants.

Nous avons vu plus haut (p. 55) que les époux pouvaient
vendre ensemble l'immeuble affecté au douaire : des documents du xiiie siècle nous indiquent que ces ventes se
faisaient souvent quand le mari et la femme se trouvaient
gênés pour acquitter une dette « criarde » (1) ou poussés
par un pressant besoin d'argent ; mais pour vendre, il fallait
aussi le consentement de l'enfant héritier de l'immeuble
frappé de douaire et s'il y a désaccord la vente est nulle,
« jà pour débat que li enfant qui soit issu du mariage y
« mèchent ne le lairont et sera la vente rechute » (art. 46).

Cette intervention des enfants dans la vente d'un bien
affecté au douaire de la femme, se rencontre dans un document de 1231, déjà cité : les deux frères Raoul, *major et
minor*, s'opposent à la vente, faite par leurs parents, d'un
immeuble qui constitue le douaire de leur mère, *filii dictorum Firmini et Marie, dicte venditioni se opponerent ;* mais
quelques lignes plus loin, on s'aperçoit que les parties
sont tombées d'accord, non sans difficultés cependant : *tandem, post multas altercationes, dicti Firminus et Maria et
filii eorum..... venditioni..... coram nobis benigne prebuerunt
assensum* (2). C'est à cette condition que la vente devient
inattaquable.

(1) *Nimia necessitate evidenter ad id agendum eos urgente....* Vente en
1289 par Pierre de Rouveroy et sa femme : V. DE BEAUVILLÉ. *op. cit.*, t. II,
p, 54.

(2) Arch. dép. de la Somme. Chapitre de N.-D. d'Amiens, G. 1100.

Vraisemblablement aussi, le consentement des enfants devait être obtenu quand il s'agissait de la donation d'un bien formant le douaire de la veuve : les textes ne le disent pas, mais déjà en 1155, Jean, comte de Ponthieu, et Guy, son frère (1), confirment une donation de terre faite par leur père de son vivant ; c'est le douaire de leur mère, Ida, et les deux enfants rendent la donation irrévocable par leur intervention. Ils n'ont pas encore de sceau particulier, ce qui semble indiquer que Guy leur père est mort depuis peu de temps : *ut hœc elemosina firma et stabilis in perpetuum existat, paterno sigillo munimus, quia nondum sigillum proprium habemus.*

Nous avons vu, en parlant du douaire de la veuve, que son droit ne naissait que par la volonté du mari, du jour où il déclarait que son épouse jouirait après sa mort de tels biens qu'il désignait, « chou que nommé sera ».

Cette désignation créait en même temps, « en puissance », le douaire des enfants ; mais ce n'est qu'après la mort du père ou de la mère que les « hoirs du douaire », comme dit la Coutume, peuvent exercer efficacement leur contrôle sur les biens qui doivent éventuellement leur revenir ; tout ce qu'ils peuvent faire, pendant la vie de leurs parents, c'est de s'opposer à la vente de ces biens s'ils le jugent utile ; le père et la mère peuvent les diminuer de valeur ou les grever de dettes que les enfants devront acquitter quand ils voudront entrer en possession de leur douaire : c'est ce que dit l'article 63 de la Vieille Coutume de 1210 : « Mais s'il avenoit « chose que le dete eust été acrute du père ou de le mère, « à lor vivant et à lor tenant le doaire ensemble, chil que il « aroient com oirs seroient tenu à rendre le dete et a paiier, « se il voloient estre oir del doaire ».

Cependant la situation change complètement à la mort de l'un des deux époux ; c'est la seconde étape que peut franchir le douaire des enfants : le survivant du père ou de la mère va se trouver sous la surveillance, sous la tutelle, pour ainsi dire, de ses enfants, relativement aux immeubles devenus indisponibles.

(1) V. DE BEAUVILLÉ, *op. cit.*, t. II, p. 5.

Quel sera, en effet, le rôle du père après la mort de sa femme ? L'article 63 (1) répond que l'homme ne peut plus qu'administrer et jouir purement et simplement des « possessions » qu'il avait affecté au douaire de sa femme ; les enfants ne doivent plus avoir de dettes à payer à cause de ces biens : « Il est assavoir se li hons a fait douaire à se « feme de quelconques possession que che soit et il aient « enfans ensamble, et le mère muert, et li enfant demeurent « vivant, li hons ne le porra vendre, n'enwagier fors sans « plus se vie, n'acroistre dete, dont li douaires soit car- « giés ne amenuisiés, ne li enfant grevé par le raison du « douaire » ; et l'article 39 de la seconde Coutume renchérit encore quand il dit : « ..... ne li pères puis le mort de se « femme, ne porroit le douaire de riens carquier..... » (2).

Mais s'il est absolument interdit au père de vendre ou de grever ces biens de dettes, il en a toujours malgré cette double prohibition la jouissance paisible pendant sa vie : il est même défendu aux enfants « de vendre ne de quarquier « de riens de douaire tant que leurs pères fust en vie » (3), à ce point que si pour une raison quelconque le père abandonnait son droit à ses enfants, « par sa volenté mettoit ses « enffans en possession en en tenanche à sen vivant et « aucuns des enfans moroit ou pluseur, l'esquéanche de « chiaus qui morroient venroit au père : ne li enfant qui « demoureroient en vie n'aroient mie l'esquéance par le « raison de le possession qui baillie leur aroit esté ».....

Il y a pourtant une catégorie de biens constitués en douaire à la femme dont le mari ne jouit pas après la mort de son épouse : il s'agit de ce douaire étrange que la femme a bien voulu laisser établir sur ses biens propres ; nous avons vu que le principal avantage de cette institution était de rendre inaliénables certains immeubles sans le consentement des enfants.

Il n'eut pas été juste de priver les enfants de la jouissance des biens de leur mère pour la laisser au mari : nous nous trouvons en face d'un douaire tout à fait à part et agir autre-

(1) Art. 63 de la première Coutume de 1210.
(2) Id., *Loi Salique*, extravag., ch. 1, n° 8.
(3) Art. 39 de la seconde Coutume. 1290.

ment, c'eût été créer un douaire pour l'homme, mais l'homme n'a point de douaire, dit avec bonhomie l'article 48 (1), dont voici la teneur : « Derekief, si le femme va de vie à mort, « et elle a été douée de sen hyretage, li douaires venra à « ses enfàns, aussi bien à l'un comme à pluseur ; et si elle « n'a enffans il venra à ses hoirs, car li douaires qui est fais « del hyretage à le femme n'est mie de la condition, en chel « cas, du douaire fait de l'hyretage de l'homme ; car li hons « n'a point de douaire, si qu'il ne le poet mie avoir puis le « mort de se femme, car che n'est mie ses hyretages ».

Si le douaire des enfants n'existe qu'à l'état latent pendant la vie des parents et même après la mort de la mère, il n'en est pas de même quand c'est le mari qui a précédé l'épouse dans la tombe : la douairière jouit librement de tous les biens affectés à son « gain de survie » et sa jouissance ne sera pas interrompue si elle continue régulièrement de les « enchensier et retenir souffissamment »; cependant le droit de l'héritier du douaire commence alors aussi à prendre corps : l'enfant peut vendre l'immeuble affecté au douaire de sa mère ou même simplement la portion qu'il espère en recueillir par la suite. Il ne peut s'agir ici que de la vente d'une nue-propriété, mais par cet acte prématuré de disposition, l'enfant vendeur acquiert l'assurance que l'immeuble ainsi aliéné tombera, après la mort de sa mère dans sa part et portion, sans rester dans celle de ses frères ou de ses sœurs; c'est ce qu'explique assez peu clairement l'art. 40 (2), « Li « hoir du douaire, au vivant de leur mère poent vendre puis « le mort de leur père, de quel yretage li douaires fu fais, « che qu'il ont et attendent en l'yretage dont leur mère est « douée. Et se aucuns des enfans est mariés et a enfauts, si « enfant aront l'esquéanche dont leur mère est douée tant « comme a se partie appartenra, ne n'escarra mie a ses frères « ne a ses sereurs »: l'héritier peut même établir le douaire de sa femme sur les biens dont jouit encore sa mère, le tout d'après les règles ordinaires « et se li en voloit douer se « femme, li douaires seroit de le condition desseure dicte ».

(1) Art. 48 des Anciens Usages de 1290.
(2) Art. 40 des Anciens Usages de 1290.

5

Les Vieux Usages municipaux ne se bornent pas à nous parler du douaire des enfants tel qu'il se présente dans les conditions normales : au contraire, avec un luxe incroyable de détails, ils en tracent des règles précises pour cette circonstance toujours délicate du second mariage du père de famille.

Les dispositions de l'art. 83 de la vieille coutume de 1210 ont été reproduites dans un style moins prolixe par l'art. 42 de l'ancien usage de 1290 : ces deux longs textes peuvent se résumer dans le principe suivant : Tous les enfants d'un même père ont en douaire tous les biens dont il a gratifié leur mère ; ils se les partagent avec exclusion de leurs frères et sœurs consanguins, mais tous les enfants, de quelque lit qu'ils soient, viennent à la succession de leur père pour tous les biens dont il n'a pas disposé par donation, constitution de douaire, etc...

D'ailleurs, ces deux articles sont assez clairs par eux-mêmes et les commenter plus longuement serait en diminuer la saveur :

Art. 83. — *Chi parole de faire douaire a femme.* — Derechief, se il avient chose que 1 hons a un hiretage et il espeuse feme et il li fait douaire de chel hirtage ou de plusors, et ele a enfans de cel home, il ont l'hiretage dont le mère a esté douée, si que li enfant d'une autre feme, se il l'espousoit apres cheli n'i partiroient nient. Mais se il avoit un autre hiretage, il em porroit bien faire douaire a une autre feme se il l'espousoit en aroient ausi li enfant qui venroient après le douaire lor mère. Et est entendu que taute feme com il prendroit, por tant que il en eust enfans de chascune, chascuns emporteroit l'iretage dont se mère aroit esté douée a son avenant. Et se il avoit un autre hiretage dont douaires n'eust esté fais, tout li enfans que il aroit eus i partiroient autant li uns come li autres, por tant qu'il fuissent de feme espousée. Et chascuns puet faire des acqueste à son talent et vendre ou donner s'il veut ; et non fera a nului, s'il ne velt.

Art. 42. — Derekief se li homme a pluseur hyretages, des hyretages dont il n'a point doué se femme, il porra, s'il se marie, douer de sen hyretage que il nommera a se femme que il prendera ; ne li enfant de se première femme n'aront riens au douaires, ne eu l'yretage de quoy il ara doué se femme, ni li enfant de le nouvele femme n'arons riens en l'yretage de quoy le première femme fu douée : et ainssi est-il de tant de femmes qu'il prendra s'il a tant de yretages.

Les dispositions de l'art. 55 de la seconde coutume pourraient être intitulées : « Des conséquences curieuses et bizarres du douaire des enfants », et pour mettre un peu d'ordre et de lumière dans cet amas de cas prévus, péniblement exprimés, nous devons en faire l'analyse point par point.

Après avoir répété ce que disait l'art. 83 de la première coutume et l'art. 42 de la seconde, que si un homme a des enfants de différents lits, tous ceux du même lit emporteront le douaire de leur mère après la mort du père, les auteurs de cet article nous indiquent quel sera le sort des biens frappés de douaire quand la mère sera morte à son tour.

Un point est d'abord acquis : les enfants vont jouir du douaire sans restriction, en pleine propriété, mais ce n'est pas tout (1) ; les biens affectés au douaire sont trop précieux et leur destinée n'est pas abandonnée à l'insouciance et aux aux caprices d'un héritier quelconque ; aussi ·la coutume démontre-t-elle longuement dans quels mains ils doivent logiquement passer.

Le premier cas prévu est celui où l'un des enfants meurt sans héritier direct et légitime « sans hoir de se char de mariage » ; sa succession toute entière passe alors à ses frères et sœurs germains et pas aux autres, « se esquéanche « esquerroit à ses frères et à ses sereurs qui seroient yssu « de se mère et engenré de sen père, ne li enfant des autres « femmes n'i aroient riens ».

Mais où ira le douaire si tous les enfants d'un même lit meurent sans laisser d'héritier légitime ? La coutume répond catégoriquement à la question : « se tout li enfant du premier « mariage moroient sans hoir de se char de mariage, ou sans « hoir qu'il fust issus des frères ou des sereurs de mariage, « li enfant qui seroient issu des autres mariages aroient « l'esquéanche ou leur hoir tout de commun ; et ainssi seroit « il du second mariage et du tierch et de tous les mariages « ensieuanz que li hons aroit ».

---

(1) Le douaire est généralement un immeuble fourni par le père ; à cette époque on était également animé du vif désir de conserver la *terra aviatica* le plus longtemps possible dans les familles.

Rien n'est oublié ou omis : il en sera de même s'il s'agit de ce douaire particulier contitué à la femme sur son propre immeuble : « et ensy seroit il du douaire qui seroit fais de « l'hyretage à le femme », et après avoir donné le naïf conseil de ne pas s'étonner des dispositions qui suivent, l'auteur de la coutume pousse sa théorie jusqu'au bout ; il l'expose dans un style d'une originalité bien picarde : « Ne ne vous merveilliés « mie se, en chel cas, li niès qui seroit issus du frère ou de « le sereur du père et de mère emportoit l'esquéanche de « senoncle ou de s'antain del hyretage qui seroit venus à sen « oncle ou à s'antain par raison du douaire se mère, par devant « le frère ou le sereur qui ne seroient mie de père ou de mère, « car li niès ou le nièche est issus du sanc de le char et de « l'estoc du mariage de quoy li mariagez fu fais et par raison « du douaire l'emporte-il. Mais se li oncles ou l'ante avoient « hyretage qui sanz cause de douaire leur fust venus et il « trespassoient, l'esquéanche venroit à ses frères et à ses « sereurs qui li appartenroient du costé del hyretage : et y « partiroient tout de commun, li enfant qui seroient du costé « de l'yretage, aussi bien chil qui n'en seroient mie, du père « et de mère, mais qu'il appartenisse au costé : ne li neveu « qui seroient enfant des frères et des sereurs en tel cas « n'aroient mie l'esquéanche tant qu'il y eust frères ou « sereurs ».

Nous noterons en terminant cet exposé, que le douaire des enfants, ignoré par certaines coutumes, semble avoir été à Amiens une institution importante : les questions les plus délicates qu'il peut soulever sont réglées d'avance et dans leurs moindres détails.

Le douaire de la mère doit passer aux enfants coûte que coûte, et rien n'a été négligé pour y arriver : l'art. 41 établit en leur faveur une sorte d'insaisissabilité, d'inaliénabilité ; les parents peuvent gérer leurs biens comme ils l'entendent, en mal user, les gaspiller, le droit des enfants ne peut être violé : « pour fourfait qui li pères fourfache puis le mort de le mère, « ne le mère puis le mort du père, li douaires ne poet estre « empékiés que il ne viegne as hoirs qui sont issu du mariage, « aussi bien de l'un comme de pluseur, ou as hoirs qui de

« chiaus seront issu », et si par hasard le père abandonne les
biens frappés de douaire, si personne ne s'offre pour les
gérer, « se il fourfaisoit le corps et il n'estoit tenus tant
« comme il viveroit, le justiche tenroit les profis du douaire ».
(art. 41).

Cet article démontre l'utilité incontestable du douaire des
enfants : que la succession de leurs parents soit bonne ou
mauvaise, ils sont toujours assurés d'y trouver intact le
douaire de leur mère ; c'est plus que la réserve héréditaire
de notre Code Civil, c'est une sauvegarde contre la mauvaise gestion des parents : nous avons vu que l'Ancienne
Coutume prenait dans ce but d'assez sérieuses mesures (1).

Le douaire de la femme et celui des enfants forment
une institution complète et homogène : la femme, épouse et
mère transmet à ses enfants des biens qui presque toujours
(sauf dans le cas du douaire constitué sur ses biens propres)
lui ont été fournis par son mari : ce sont ces biens qui
laissés à la mère pendant son veuvage passent ensuite aux
enfants.

Les Anciens Usages ne nous disent pas sur quelle idée
repose le douaire de la femme : c'est à Amiens un simple gain
de survie, viager, n'ayant pas d'après la loi civile un caractère obligatoire comme la *donatio propter nuptias* romaine :
le douaire amiénois est facultatif et de plus il peut être constitué au jour du mariage ou quelque temps après : le *morgengab* des Germains, au contraire, était donné par le mari
à la femme le lendemain du mariage, c'était le *pretium virginis*.

C'est seulement le Livre de Jostice et de Plet qui au
xiiiᵉ siècle, bien mieux que Beaumanoir, donne la véritable
raison du douaire, quand il dit qu'il est constitué à la femme
*par maintes resons, por ce qu'elle est de povre porveance de
sa vie…, por ce qu'ele est sevre au segnor et por ce qu'ele a
dolor d'enfantement plus que sire n'a* (2).

(1) Pour le Douaire des enfants, Beaumanoir n'est pas aussi large que
l'Ancienne Coutume d'Amiens ; il voit d'ailleurs cette instilution d'un assez
mauvais œil.

(2) Livre de Jostice et de Plet, p. 219.

L'opinion du Livre de Jostice et de Plet sur les causes du douaire peut être pleinement acceptée pour l'époque.

Autres sont les raisons historiques d'une institution, autres celles qui en établissent en droit le bien fondé.

Il nous semble que si l'on jette un coup d'œil sur le développement du douaire, on peut affirmer hardiment que si son origine n'est encore reliée qu'imparfaitement par les données historiques au *morgenbab*, dont l'existence n'est pas problématique comme celle du *mundium* germain, il a été inspiré par le même principe, accueilli par l'Eglise comme un moyen très propre à développer dans le mariage le sentiment chevaleresque, et que plus tard, il a été transformé par les juristes en une institution destinée à remplacer ces constructions juridiques romaines qui avaient pour but de protéger la fortune de la femme et sauvegarder l'avenir des enfants.

Aussi, au fur et à mesure que d'autres institutions viendront remplir ce rôle économique auquel l'avaient adapté les juristes, verrons-nous sa fortune décroître, jusqu'à ce qu'enfin, pleinement supplanté par ces institutions, son utilité deviendra nulle, il ne restera que l'inconvénient, son obstacle à la circulation des biens, et il finira par devenir odieux (1).

---

(1) Nous n'avons pu relever aucune trace du don mutuel, ni dans les textes juridiques, ni dans les actes. Nous verrons dans le chapitre suivant qu'il fut interdit par l'art. CVI de la coutume du Bailliage (1507-1567).

CHAPITRE SECOND

LE DROIT DES GENS MARIÉS
DANS LA COUTUME GÉNÉRALE DU BAILLIAGE
D'AMIENS

I. Autorité maritale.

L'autorité du mari et la condition de la femme mariée ne sont pas réglementées spécialement dans la Coutume générale du Bailliage ; nous serions obligés d'édifier à l'aide de documents péniblement amassés et de textes un peu torturés, un laborieux et chétif système, si les articles relatifs au Droit des Gens Mariés n'avaient été savamment commentés par le jurisconsulte érudit, Adrien de Heu (1653).

Clairement, logiquement, il déduit toutes les conséquences des textes les plus laconiques : ses explications sont l'expression fidèle des idées, des usages et surtout de la jurisprudence du xvi° et xvii° siècle, et c'est sa théorie sur l'autorité maritale, éparse à travers ses commentaires, que nous allons reconstituer et analyser.

D'après de Heu, l'autorité laissée au mari est telle qu'elle annihile presque complètement la capacité de la femme : il est devenu, par le mariage, seigneur et maître de tous les biens de son épouse ; la conséquence toute naturelle est qu'elle ne peut faire valablement aucun acte intéressant son patrimoine sans son assistance. Le commentateur nous en donne la raison : parce que le mari est le maître et que « la « femme est en PERPÉTUELLE TUTELLE (1) de son dit mari », *ut virgo pertinet ad patrem, ita nupta pertinet ad maritum*, dit-il avec Quintilien (2).

La femme mariée est considérée comme une incapable et pour agir, elle doit être relevée de cette sorte de *capitis deminutio* ; c'est la belle époque de l'autorisation formelle que nous n'avons pas rencontrée au xiii° siècle : on semble même exiger le mot lui-même : autoriser.

« Les femmes, dit de Heu, constant leur mariage se peu-« vent obliger avec autorité de leurs maris, mais, ajoute-t-il, « l'autorité du mari est toujours nécessaire si la femme « n'est autorisée par justice, séparée de biens ou marchande « publique (3) ».

Et les détails abondent : elle ne peut pas non plus ester en jugement sans l'autorisation de son mari ou de justice (4), ni disposer seule de ses propres, « que si elle fait aucun « contrat sans lui, il est du tout nul, non seulement en ce « qui touche ledit mari, mais pour le regard d'elle-même et « n'en peut être poursuivie, ni ses héritiers après le décès « dudit mari (5) ».

---

(1) D'après les explications qui vont suivre, on pourra s'apercevoir que de Heu fait plutôt du mari un *curateur* de la femme qu'un *tuteur* au sens exact du mot : la femme peut vendre, acheter, hypothéquer, mais il lui faut l'autorisation du mari ; le mineur en tutelle, au contraire, ne peut pas agir même avec son tuteur.

(2) QUINTILIEN, Déclam. 259.

(3) DE HEU, Commentaire de la Coutume d'Amiens, titre V, art. XCIX, nᵒˢ 36 et 39.

(4) DE HEU, Commentaire de la Coutume d'Amiens, titre, V, art. CXVIII. nᵒˢ 31, 38 et 39.

(5) Ce n'est pas une nullité *erga omnes*, c'est une nullité relative au mari et à la femme ; il n'y a pas nullité d'ordre public.

La femme peut-elle tester sans autorisation ? Aucun texte
ne règle cette question, mais il semble bien que la négative
doive être admise : dans son contrat de mariage, François
Perache autorise Marie Baillet, sa future épouse à faire « telles
« dispositions testamentaires qu'elle jugera à propos par la
« suite au profit de telles personnes que ce soit, et toutes
« fois et quant l'authorisant spéciallement à cet effet par les
« présentes, la dispensant formellement et sans par elle
« être tenüe de demander à cet effet nouvelle authorisation
« dudit futur époux... (Amiens 1751) (1).

Le mari aurait pu devenir facilement un despote, il aurait
pu se montrer d'une insouciance sans limites, la femme
aurait été livrée à sa merci, si l'on n'avait admis en faveur
de l'épouse certains tempéraments : de Heu reconnaît et
approuve la pratique courante de l'autorisation supplétive de
justice qui a pour but dans certains cas de briser la résistance injustifiée du mari. Nous ne pouvons mieux faire que
de citer l'explication toute entière de notre jurisconsulte :
« Comme si une femme voloit appréhender une succession
« qui lui seroit déférée en laquelle le mari ne désireroit
« s'immiscer pour la crainte des dettes, en tel cas ou autres
« semblables, elle seroit autorisée par justice sans néan-
« moins que le mari put être travaillé par les créanciers.....
« sans préjudicier à la dite joüissance dudit mari. Lequel
« refusant ladite autorité sans cause, elle sera suppléée et
« baillée par Justice, mais avec cette condition que la sen-
« tence qui interviendra sera mise à exécution, même con-
« tre ledit mari, parce qu'il ne doit malicieusement et sans
« cause faire tel refus pour ffatiguer et molester tant sa
« femme que ceux avec lesquels elle auroit quelques affaires
« à demêler, et ainsi a été jugé par deux arrêts du dernier
« de Février et premier jour de Mars 1557 » (2).

Cependant quand il s'agit pour la femme d'ester en jugement et de se faire « autoriser à la poursuite de ses droits »,
de Heu ne reconnaît au juge le droit de donner l'autorisation
que dans un cas : quand le mari est absent ; les magistrats

(1) Archiv. du dép. de la Somme. Titres de la famille Perache, E. 565.
(2) DE HEU, *op. cit.*, titre V, art. XCVIII, n° 40.

en toute autre circonstance « refuseront leur autorisation
« pour quelque juste cause qu'ils puissent déduire ou pro-
« poser ».

L'autorisation du mari ou de justice n'est pas nécessaire
dans trois cas, pour la validité des actes et des contrats
passés par la femme : quand elle est marchande publique,
quand elle doit défendre à une action criminelle, quand
elle est séparée de biens.

Il n'y aurait de difficultés que pour la femme commerçante ;
nous parlerons plus loin de la femme séparée de biens.
Mais le commentateur a tout prévu et il nous explique sura-
bondamment ce que c'est qu'une femme marchande publique : « la dite qualité ne peut leur être attribuée sous
« prétexte qu'elles vendent et débitent les marchandises
« desquelles leurs dits maris négocient, ains faut qu'elles
« fassent marchandises séparées et autres que celles que
« leurs dits maris, qui sont en ce cas obligez pour le fait
« de leurs femmes » (1).

La femme, par sa qualité et ses actes de marchande publique, oblige son mari, car c'est toujours lui qui a donné l'autorisation initiale permettant à son épouse de faire du commerce ; d'ailleurs, n'oublions pas que nous partons de ce
principe énoncé par de Heu, que la femme est toujours *in
perpetua tutela mariti*, mais qu'il ne s'agit pas d'une tutelle
ordinaire, régie par la maxime *qui auctor est non se obligat.*
Mais il est certain aussi que la femme ne peut se soustraire
aux promesses et aux obligations qu'elle a contractées à
l'occasion de son négoce, même en renonçant à la communauté et « ores qu'elles n'ayent fait aucune renonciation au
« Velléian, parce qu'elles ont géré et manié leurs propres
« affaires (2). »

Quant aux affaires criminelles toujours rares, il est permis
à la femme d'y défendre seule et sans autorisation ; le mauvais vouloir du mari ne doit pas mettre d'obstacle à l'exercice de la justice et aux moyens de défense de l'épouse.

(1) DE HEU, *op. cit.*, titre V, art. CXIX, n°, 41.
(2) DE HEU, *op. cit.*, titre v, art. CXIX, n° 42. Nous retrouverons cette
question du Velléien au chap. suivant.

La mari et la femme sont personnellement responsables de leurs actes et des conséquences de leurs crimes ou délits ; les biens de la Communauté ne répondent pas des amendes encourues par l'un des deux époux : « la raison « est, dit de Heu, que tous les crimes sont personnels et « doivent être punis sur les personnes et sur les biens de « ceux qui les ont commis » (1) ; le mari n'engagera que sa part de meubles et de conquêts immeubles et la femme pendant son mariage répond de ses crimes et délits sur ses propres seulement ; si elle est condamnée pour crime à demeurer perpétuellement dans un couvent ou en prison, ou a être bannie du royaume, sa part de biens de la Communauté n'en reste pas moins au mari qui peut en prétendre la jouissance jusqu'au jour du décès de sa femme.

Les articles de la Coutume et les commentaires de de Heu sont à peu près muets relativement aux autres questions qui ont trait à l'autorité maritale et à la condition de la femme mariée : à propos des époux mineurs, le commentateur nous dit simplement qu'ils sont émancipés par le mariage et qu'ils ont la libre administration de leurs biens sans pouvoir toutefois aliéner leurs propres s'ils sont mineurs de 25 ans ; pour les autres cas, de Heu avoue qu'il s'en rapporte à la Jurisprudence générale et à la Coutume de Paris (2).

On a pu se rendre compte qu'il ne s'agit pas, dans ce système, de protéger la femme contre sa faiblesse, mais de sauvegarder avant tout la puissance maritale ; pour y arriver, on a considéré la femme comme une incapable au sens strict du mot, pour laisser agir le mari. Au XIIe et au XIIIe siècle nous avons vu la femme concourir constamment avec l'homme à l'administration de la Communauté dans des ventes, des échanges, des contrats de louage, etc., elle remplit alors sa fonction si naturelle d'aide et de conseillère ; la Coutume de 1567 et la Jurisprudence postérieure ont, au contraire, considéré la femme comme une *associée inférieure* ; c'est le mari qui est le maître, le *tuteur* de la femme et de ses biens, c'est lui qui agit seul, et si elle veut faire

(1) DE HEU, *op. cit.*, titre, XI, art. CCXXVII, n° 2.
(2) DE HEU, *op. cit.*, art. XI, n° 5.

un acte intéressant directement son patrimoine propre, elle doit se faire autoriser formellement par son mari ou par justice.

Les idées romaines ont gâté beaucoup de nos institutions coutumières et le droit romain a transmis certaines idées de défiance envers les femmes mariées (le Velléien par exemple); de Heu s'est trouvé entraîné lui aussi par le courant des idées ; ses commentaires sont remplis de citations et de réminiscences empruntées à Papinien, à Ulpien et surtout au Digeste.

La femme rendue incapable par le mariage, n'ayant aucune place dans l'administration de la Communauté, les biens communs des époux assimilés à la dot romaine par la jurisprudence et la doctrine, c'est l'application exacte de la maxime de Pothier qui dit qu' « en pays coutumier, tous les biens de la femme sont réputés dotaux ». On méconnaît le rôle si naturel d'associée accordé si largement à la femme au Moyen Age : elle ne peut faire valoir utilement ses droits que dans la liquidation des intérêts communs, si bien que la formule excessive dont nous retrouverons la parfaite application dans le chapitre suivant est aussi vraie dans la Coutume d'Amiens que dans les autres: *Uxor non est proprie socia, sed speratur fore.*

II. La Communauté de Biens entre Epoux.

La Société de biens entre époux se rencontre dans la Coutume de 1567 comme une institution définitivement organisée; les réformes et les changements apportés au cours des siècles, en ont complètement modifié l'aspect, et les théories si répandues du droit romain ont livré à notre vieille communauté nationale de terribles assauts, la plupart victorieux.

Au lieu d'un système informe et rudimentaire comme dans les Anciens Usages municipaux du xiii° siècle, nous allons trouver, tranchées et résolues dans la Coutume générale du Bailliage d'Amiens, toutes les questions pour lesquelles nous avons dû faire des emprunts si nombreux aux coutumes contemporaines et voisines ; c'est plutôt d'une explication complémentaire que d'un exposé nouveau qu'il va être question.

A vrai dire, les textes concernant le Droit des Gens Mariez sont peu nombreux et le titre V de la Coutume générale ne contient que onze articles ; mais les commentaires de de Heu et de du Fresne et quelques arrêts rapportés dans leurs ouvrages, nous montrent tous les enseignements qu'ils ont su tirer de ces textes ; ils font surtout voir quel était l'état de la doctrine et de la jurisprudence plus de cent ans après la rédaction officielle de la Coutume (1).

La Communauté entre époux commence au jour du mariage ; Beaumanoir l'affirmait déjà et sous l'art. xcviii au titre V, du « Droit des Gens Mariez », nos deux commentateurs énoncent la même idée : de Heu dit simplement que la Communauté « commence du jour des espousailles et « bénédiction nuptiale pource que les personnes ne délais- « sent d'être légitimement conjointes par mariage, ores « qu'elles n'aient encore couché ensemble, suivant l'axiome « vulgaire, *nuptias consensus non concubitus facit* » (2).

Du Fresne, au contraire, se livre à des considérations beaucoup plus savantes : il fait d'abord remarquer que l'art. 220 de la Coutume de Paris dit expressément que la communauté commence au jour des épousailles et bénédiction nuptiale ; « d'ailleurs, dit-il, cela est assez sous-entendu par

---

(1) Il est regrettable que de Heu n'ait pas cru devoir nous exposer ses idées sur l'origine de la Communauté ; il est vrai que le Droit romain, son guide habituel, ne pouvait guère lui servir en cette matière.

(2) Nous avons cru devoir insister ici, commme plus loin pour le Douaire, sur la question du mariage parfait par la consommation, à cause des très longs développements donnés par les commentateurs.

« les termes dont il use (l'art. xcviii), de *conjoints par mariage* » ; il ajoute que le formulaire de la célébration du mariage et la doctrine de l'Eglise ne requièrent point la consommation pour donner lieu à la Communauté : un homme peut s'être marié par procureur et mourir sur-le-champ, comme cela est proposé à la loi 6, *de ritu nuptiarum*, la femme n'en prendra pas moins la moitié des biens de la communauté et son préciput. Il en sera de même pour le mari « si un accident semblable arrivoit à la femme aupa-
« ravant la consommation du mariage, dit enfin le commen-
« tateur, le mariage ne laisse d'estre parfait : « *Coitus enim*
« *non facit matrimonium sed maritalis honor et affectio*, dit
« le jurisconsulte en la Loy *cum hic status* § 13, *de donat.....*
« *inter vir.... et uxor.....* Et S. Augustin passant plus avant,
« lib. 2, *de consensu Evangelist...*, cap. I, dit excellemment :
« *Servata pari consensu continentia permanet vocaturque*
« *conjugium non permixto corporis sexu, sed custodito mentis*
« *affectu* ».

A. Composition active et passive de la Communauté

La Communauté se compose *activement* de tous les biens meubles apportés par les époux, des fruits des immeubles propres à chacun d'eux et enfin elle s'augmente des conquêts, c'est-à-dire des biens acquis pendant le mariage (1) par l'un des conjoints ou par les deux ensemble. C'est l'art. xcviii de la coutume qui le dit : *Mari et femme conjoints par mariage sont communs en tous biens meubles et conquêts immeubles faits durant et constant leur mariage ;* c'est de Heu qui

(1) La question de savoir si un immeuble donné aux deux époux conjointe-ment devient commun ou est un propre par moitié, est encore controversée dans la doctrine actuelle. L'art. 1401-3° du Code Civil dit cependant que les immeubles acquis pendant le mariage sont communs.

ajoute la jouissance des propres, et ainsi la Communauté comprend dans son actif les mêmes biens qu'au XIII° siècle.

Mais ces dispositions de la coutume suggèrent au commentateur plusieurs réflexions : tout au droit romain, il commence par remarquer que la situation des époux communs en biens meubles et conquêts immeubles, paraît contraire à la disposition du code de Justinien, *cum neque maritus uxori actionem empti possit acquirere* (1).

Pour ce qui est des acquêts faits par une femme pendant le mariage, du Fresne dit bien qu'on pourrait les présumer réalisés avec les biens du mari, mais il est plus équitable, ajoute-t-il, de les considérer comme communs ; c'est ainsi que cela se fait dans la plupart des coutumes de France : « l'épouse ne doit pas être privée de sa part de biens qui « proviennent de la commune industrie, puisqu'elle n'apporte pas moins de soins que le mari aux affaires du « ménage. »

Le livre de Jostice et de Plet disait déjà : *Feme conquiert aussi bien come home.*

Nous ne reviendrons pas sur les explications que nous avons données sur les diverses catégories de biens, *meubles*, *cateux* et *immeubles* au chap. de la Communauté au XIII° siècle : la définition de ces biens reste la même, mais nous croyons utile d'indiquer ici les idées de de Heu et de du Fresne relativement aux *conquêts de communauté*.

Selon de Heu (2), on emploie de préférence l'expression *acquêt* quand il est question de meubles, et le mot *conquêt* quand il s'agit d'immeubles, et cela parce que les meubles sont, dit-il, plus faciles à acquérir ; les immeubles au contraire sont appelés *conquêts*, c'est-à-dire acquis avec diligence et difficulté, parce que ce mot *conquirere* dont ce mot *conquêt* est tiré signifie *diligenter quærere, investigare vel quandam vim contrahere ;* mais, quelques pages plus loin, il explique en passant que ces deux mots sont toujours pris l'un pour l'autre et « qu'il ne faut si scrupuleusement « éplucher les mots et nous arrêter à l'écorce des paroles,

(1) Loi *Ex pecunia*, Code : *de jure dotali.*
(2) DE HEU, *op. cit.*, art. LVII, Comment., n° 17.

« ains rechercher et suivre ce qui est probablement entendu
« par icelles » (1).

L'art. LX de la coutume vient compléter heureusement la
notion du conquêt : *Tout legs et donations testamentaires à ce*
titre apprehendez sont censez tenus et reputez acquêts au
légataire. Nous avons vu qu'à l'époque de Beaumanoir tout
immeuble légué ou donné par les ascendants était et restait
propre à l'époux donataire ou légataire ; nos commentateurs
expriment la même idée en s'inspirant du texte de cet article.

Du Fresne prétend d'abord que, selon un usage constant et
immémorial observé dans le Bailliage d'Amiens, il n'y a que
les biens légués ou donnés en ligne collatérale qui peuvent
être considérés comme acquêts, sans excepter naturellement
ceux que les époux ont réussi à acquérir par leur industrie
ou avec leurs économies ; et notre jurisconsulte donne
comme raison que le testateur ou le donateur « n'a point
d'autres motifs de sa « disposition que le dessein de reco-
« gnoitre l'amitié et la bienveillance des personnes à qui il
« lègue » (2). De Heu ajoute que tous ces dons et legs sont
« resputez acquêts d'autant que l'on présume qu'ils sont
« faits pour quelques mérites et ainsi que le légataire les a
« gagnez soit par ses œuvres, industrie ou bonne grâce » (3).

La notion du conquêt n'a donc subi aucun changement
depuis le XIIIᵉ siècle : c'est ainsi qu'on le rencontre dans
Beaumanoir et nous avons cru aussi en trouver la trace dans
les Anciens Usages municipaux d'Amiens : tous les biens
qui ne sont pas soumis à la règle *paterna paternis*, *materna*
maternis, sont des conquêts.

Notre code civil (art. 1402) a plutôt rétréci la sphère du
conquêt, puisqu'il ne fait entrer dans cette catégorie de biens
que ceux qui sont acquis à titre onéreux pendant le mariage.
Il est vrai que de nos jours la circulation des biens n'est plus
entravée par la dévolution légale et forcée des immeubles
propres aux « côté et ligne » et que, sauf la réserve des

(1) DE HEU, *op. cit.*, art. XCVIII, nᵒˢ 15 et 61.
(2) DU FRESNE, La Coutume du Bailliage d'Amiens. Commentaires, art. LX.
(3) DE HEU, *op. cit.*, art. LX.

enfants et des ascendants, tout individu peut disposer librement de tout son patrimoine.

Comme dans les anciennes coutumes d'Amiens, le *passif*
de la Communauté se compose des dettes mobilières des
époux antérieures au mariage ; de Heu se demande à ce
propos si c'est la Communauté qui paiera le prix d'un
immeuble acheté par le mari avant son mariage, non payé
depuis la célébration et même au jour du décès du mari. Cet
immeuble est un propre comme acquis par le conjoint avant
son mariage, mais la femme est tenue de la moitié du prix
d'achat, puisque c'est une dette contractée par le mari propriétaire de l'immeuble au jour de son union : l'épouse est
commune pour la dette et ne l'est pas pour ce bien ; mais
écrit notre commentateur, « en telle espèce, je tiens que la
« femme seroit à décharger de la moitié dudit prix, si les
« héritiers lui refusaient la moitié dudit héritage, parce qu'il
« n'est pas raisonnable que l'un des conjoints profite plus
« que l'autre des biens de la Communauté » (1).

Ainsi donc, les dettes personnelles du mari antérieures au
mariage sont dettes de la Communauté ; il en est de même
de celles de la femme. Les préceptes de Loysel sont encore
tout frais dans les esprits et de Heu se hâte d'en reproduire
le célèbre adage (2), relatif aux dettes des époux : « Nous
« tenons pour maxime, dit-il, et disons communément que
« quiconque épouse la femme épouse les dettes, c'est-à-
« dire qu'à cause de la communauté, le mari est tenu person-
« nellement de payer les dettes mobiliaires et hipothécaire-
« ment les réelles dües à cause de sa femme et en peut être
« valablement poursuivi durant leur mariage ».

La Communauté supporte aussi passivement les dettes
que les époux ont contractées pendant leur union : dettes
contractuelles du mari, sauf récompense et dettes délictuelles ; mais pour ces dernières le mari n'engage que la
part qui lui reviendra dans le partage et non celle de sa
femme : « Le mari confisquant ne confisque la part des

---

(1) De Heu, *op. cit.*, art. XCIX, n° 7.
(2) Loysel, Institutes Coutumières. Liv. I, t. II. Max. 8.

« meubles et conquêts immeubles qui doit appartenir à sa
« femme, après son trépas ».

La femme, au contraire, ne peut engager la Communauté
qu'avec le consentement de son mari : pour contracter elle
doit être autorisée et si elle commet un crime ou un délit,
elle en répondra personnellement sur ses biens propres ; la
femme, dit de Heu, « par son forfait confisque ses propres
« seulement et non la part desdits meubles et conquêts au
« préjudice du mari qui en est le maître jusques après la
« dissolution du mariage ».

Ce n'est pas la Communauté qui supporte passivement
le rachat d'une rente grevant un propre de l'un des époux ;
pendant la durée du mariage, la rente rachetée est considérée
comme un conquêt : *Quand l'un des conjoints par mariage
a aucun héritage propre chargé de rente*, dit l'article CVIII,
*laquelle iceux conjoints rachètent, elle est confuse tant que
le mariage dure ;* en réalité il n'y a de commun, de « confus »
que les arrérages de la rente ou les revenus de l'immeuble
sur lequel elle reposait. L'explication de de Heu mérite
d'être indiquée : avec la Coutume de Paris, il reconnaît aussi
que le rachat d'une rente est un conquêt, mais que le prix
du rachat est toujours prélevé sur les deniers communs, peu
importe que ce soit par l'un ou l'autre des conjoints. Et la
crainte bien romaine des donations indirectes entre époux
apparaît ! Ce serait un avantage déguisé fait au conjoint
propriétaire de l'immeuble délivré du fardeau de la rente,
si le système des récompenses n'intervenait pour faire rem-
bourser à l'époux non intéressé la part qui lui a été enlevée
sur les biens communs ou pour lui laisser la moitié de la
rente.

Il ne faut pas oublier non plus qu'à cette époque le remploi de deniers provenant de l'aliénation d'un propre de la
femme est pratiqué dans toutes les Coutumes de France.
Loysel (1) nous apprend que *ce qui se disoit jadis que le
mary se doit relever trois fois la nuict pour vendre le bien de
sa femme, a finalement esté repoussé par plusieurs Arrêts et
Coustumes modernes ;* il ajoute que la Jurisprudence de son

(1) LOYSEL, *op. cit.*, liv. I, t. II, max. XIV.

temps préconise le remploi. De Heu, de son côté, dit que si un immeuble a été vendu et si le prix n'en a pas été remployé, on aboutit à créer un avantage indirect à son conjoint, ce qui est contraire à la disposition du Droit romain et du Droit coutumier (1).

Dans le contrat de mariage de François Perache et de Marie Baillet, il est convenu que les deniers provenant de l'aliénation d'un propre des époux devront être remployés ; le mari en est responsable sur ses biens propres : « En cas « de vente ou aliénation de biens propres le prix en prove- « nant sera remployé au proffit de celuy desdits futurs époux « de qui l'immeuble vendu et aliéné procédait ; au deffaut « d'employ et remploy la reprise s'en fera sur les plus clairs « deniers de la ditte communauté s'ils sont suffisans, sinon « ce qui s'en deffaudra à l'égard de la ditte future épouse « sera repris sur les biens même propres dudit futur « époux..... (2) »

Enfin, pour la garantie de ses reprises, la femme a hypothèque sur les biens de son mari qui est chargé également de la restitution de la dot : cette hypothèque existe indépendamment de toute *saisine, main-assise* ou *mise de fait ;* nous dirions aujourd'hui : même sans inscription. C'est ce que dit formellement l'article CXXXIX de la Coutume : *Toutefois es cas esquels par disposition de droit y a tacite hipothèque, ladite hipothèque a lieu, encore que telle reconnoissance et solemnité de Coutume ne soit intervenue.*

B. Administration de la Communauté. — Rôle des époux

Quels étaient les pouvoirs du mari sur les biens de la femme et sur ceux de la Communauté ?

De Heu ne nous laisse aucun doute à cet égard : en parlant des fiefs qui appartiennent à la femme, au titre Ier de

(1) De Heu, *op. cit.*, art. XCVIII, n° 18.
(2) Voir aux *Pièces justificatives annexées*, p. XXI.

la Coutume, article IX, où il est dit que *si femme tenant fief se marie, le mari est tenu de relever comme mari et bail* (1) *de sa femme*....., le commentateur explique que le mari n'est qu'un simple usufruitier des fiefs de son épouse, « combien « qu'il n'en soit assurément propriétaire, ains au lieu et en « place seulement, exerçant tous les droits en son nom que « pourroit faire le propriétaire, tant passivement comme « parlent nos Docteurs, pour supporter les charges et « acquitter les devoirs, qu'activement pour recevoir les « fruits et émoluments et en disposer à sa volonté. »

Mais le pouvoir du mari est encore bien plus étendu sur les fruits des propres de la femme, sur les meubles apportés par celle-ci en mariage ou à elle échus par succession : il a la libre disposition de tous ces biens et de Heu, se basant sur l'article 25 de la Coutume de Paris et sur les Commentaires de du Molin, s'exprime en ces termes : « Faut noter « que durant mariage, le mari est maître de la dite commu- « nauté et seigneur desdits meubles et conquêts immeubles « dont il peut disposer par donation ou autre disposition « faite entre vifs à son plaisir et volonté, sans le consente- « ment de sa femme pourvu que ce soit à personne capable « et sans fraude (2). »

L'expression « seigneur et maître » de la Communauté est à retenir : la femme ne joue aucun rôle dans l'association conjugale et si elle peut quelquefois agir avec l'autorisation de son mari, c'est toujours d'une façon indirecte et sous le contrôle de son conjoint.

C. Dissolution et Liquidation de la Communauté

Dans les commentaires de la Coutume d'Amiens on ne trouve que deux modes de dissolution de la Communauté : la mort naturelle ou civile de l'un des époux et la séparation

---

(1) *Bail* signifie tuteur, administrateur, gérant.
(2) De Heu, *op. cit.*, art. xcviii, n° 16.

de biens seule ou corrélative de la séparation de corps ; le divorce qui de nos jours entraîne avec lui la séparation de biens ne fut admis que par la Révolution et si de Heu emploie parfois ce mot (1), c'est pour désigner la séparation de corps, à l'exemple des canonistes, *divortium a toro et mensa*.

1°. Acceptation et Partage.

Femme vesve, dit Loysel (2), *porte le deüil aux despens de son mary. Cette règle receüe en toute la France est fondée sur la disposition du droict qui porte que la veusve est tenue « lugere maritum et lugubria sumere..... »* ce qui est fait aux *dépens de son mary*. C'est une règle générale s'appliquant indépendamment de toute acceptation ou renonciation de la part de la femme.

Laissons de côté pour l'instant la renonciation et occupons-nous seulement de l'acceptation de la Communauté.

Meubles et conquêts immeubles, *après le trépas du mari se divisent entre le survivant et les héritiers du prédécédé par moitié, nonobstant que le mari fut seul saisi des conquêts*, dit l'art. 98 de la Coutume ; c'est le principe du partage par moitié des meubles et conquêts, déjà rencontré dans la Charte (art. 35) et dans les Anciens Usages d'Amiens (art. 63), qui se retrouve intact dans notre Code civil (art. 1468 et suiv.).

Avant tout partage, l'époux survivant commence par opérer la reprise de ses propres immobiliers ou de ceux qui ont été acquis en remploi ; les biens propres du prédécédé sont repris par les héritiers.

Une fois la reprise des propres opérée, le conjoint survivant se trouve avec les héritiers de l'époux prédécédé, en

---

(1) De Heu, *op. cit.*, col. 261-3.
(2) Loysel, *op. cit.*, liv. I, t. II, max. xxxiii.

face de la masse des biens provenant de la Communauté, mais avant tout partage, le système des récompenses doit entrer en jeu, s'il y a lieu.

Cette théorie des récompenses, qui a pour principe d'empêcher l'un des époux de s'avantager aux dépens de son conjoint ou de la Communauté, n'apparaît que vers le milieu du XVIe siècle ; on n'en trouve aucune trace ni dans Beaumanoir, ni dans les Anciens Usages municipaux d'Amiens : quand un bien propre de la femme était vendu, les deniers qui en provenaient tombaient dans la Communauté et à sa dissolution se trouvaient partagés par moitié avec les autres biens ; la Communauté supportait également les dettes des propres des époux.

Cependant quelques vieilles coutumes (1) contenaient en germe un système de récompenses établi pour certains cas particuliers ; d'autre part, le droit romain défendait impérieusement les donations et avantages indirects entre époux ; aussi, avec les romanistes nombreux et célèbres du XVIe siècle, cette théorie se répandit-elle rapidement dans tout le royaume, et Loysel (2) l'exprime dans cette maxime de ses Institutes coutumières : *Dette des propres de la femme aliénés est de Communauté.*

De Heu dit aussi que les « deniers de la vente d'un propre « doivent être repris par préciput et hors part sur les biens « de ladite communauté » ; il faut à tout prix éviter les avantages indirects qui peuvent se faire entre époux, crainte bien romaine, et l'art. LXIII de la Coutume d'Amiens dit bien que si un des conjoints *a fait un legs de quelque espèce de meuble, les héritiers du testateur seront tenus de récompenser le survivant de la moitié dudit immeuble ;* enfin, en parlant des propres des époux et des rentes rachetées, le commentateur dit encore (3) : « Si durant le mariage les biens « propres de l'un ou de l'autre sont vendus ou que quelque « rente soit remboursée, le prix de la vente ou rachat est

---

(1) La Coutume de Bretagne, par exemple.
(2) LOYSEL, *op. cit.*, liv. I, t. II, max. XVIII.
(3) DE HEU, *op. cit.*, art. XCIX, n° 8.

« repris sur ladite communauté, encore qu'en vendant n'eût
« été convenu de remploi ou de récompense et qu'il n'y ait
« eu aucune déclaration sur ce faite » (1).

Nous avons vu plus haut (page 78) que le rachat d'une
rente grevant un propre des époux était un conquêt de Communauté ; la décharge de propres avait la nature d'acquêt
jusqu'à la récompense. Loysel constate ce droit général
dans une maxime de ses Institutes coutumières (2). *Mari et
femme ayant amélioré leur propre ou réuni quelque chose à
leur fief et domaine ou fait quelque ménage qui regarde le
seul profit de l'un d'eux sont tenus d'en rendre le mi-denier.*

La Coutume d'Orléans et la Nouvelle Coutume de Bretagne admettaient la même théorie (3).

Au lieu de voir un propre libéré, on considère la rente
comme achetée au profit de la Communauté : l'art. cviii de
la Coutume indique ce qui se passera à la dissolution : *après
le décès d'icelui auquel l'héritage étoit propre, le survivant
prend la moitié de ladite rente ainsi acquise et rachetée : toutefois, ceux ausquels avient l'héritage la peuvent acquitter et
racheter en remboursant la moitié de l'argent avec les arrérages échus depuis ledit trépas* (4).

La question des récompenses une fois réglée, il y avait
lieu de procéder au partage des conquêts.

L'art. xcviii de la Coutume nous explique que les acquêts
se partagent par moitié entre le survivant des époux et les
héritiers du prédécédé ; nous laissons de côté les droits que
peut avoir le seigneur féodal sur les conquêts : il suffit de
lire les art. cii et suivants de la Coutume (5).

---

(1) *Idem*, Art. 232 de la Coutume de Paris.

(2) Loysel, *op. cit.*, liv. III, t. III, max. xiv.

(3) Coutume d'Orléans, art. clxcii, Coutume de Bretagne, art. ccccxlii.

(4) Les textes et les commentaires de la Coutume présentent quelques
lacunes ; il est probable que les cas non prévus se réglaient d'après les
textes plus explicites de la Coutume de Paris, comme le laisse entendre de
Heu.

(5) Art. cii, ciii et civ. — Art. cii. *Quand le mari seul saisi des conquêts
communs faits durant le mariage, survit le seigneur féodal après le trépas
de la femme, ne le peut empêcher à la joüissance d'iceux acquêts, si les*

2º. *Renonciation à la Communauté.*

Mesures de protection établies en faveur de la femme.

La renonciation à la Communauté est formellement reconnue par la coutume du Bailliage ; nous avons vu que Beaumanoir accordait déjà ce droit à la femme : en abandonnant la part qui devait lui revenir dans les conquêts, elle s'exonérait des dettes, quand l'administration du mari avait été défectueuse.

La cérémonie symbolique du xiiiᵉ siècle a disparu : la femme ne jette plus ses clés, sa bourse et sa ceinture sur la tombe de son mari (1) ; il ne lui suffit plus de renoncer aux meubles, mais à la Communauté tout entière ; il y a de plus un délai de forclusion : la femme, dit l'art. xcix, *peut renoncer à icelle communauté (ce qu'elle est tenüe déclarer dedans 40 jours) et par ce moyen demeure quitte des dettes créées et constituées par son feu mari dües au jour de son trépas ; autres toutefois que celles esquelles spécialement elle se seroit*

héritiers de la dite femme s'abstiennent d'appréhender la moitié d'iceux à eux échus par le trépas de la dite femme.

Art. ciii. Et quand le dit mari seule saisi prédécède sa femme, si la dite femme ne veut prendre sa moitié, les héritiers dudit défunt mari peuvent relever le total des dits acquêts et ne le peut contredire le seigneur.

Art. civ. Mais quand le mari, ou la femme sont ensemble saisis d'aucuns acquêts, l'un d'eux prédécédant, sont iceux acquêts simplement divisés en deux : et faut que les héritiers du prédécédé relèvent du seigneur féodal la moitié dudit prédécédé, autrement seroit réunie à la table et domaine dudit seigneur, dont elle est mouvante, après la saisie dudit seigneur.

(1) Cette pratique, inventée par pitié pour les femmes, ne semble pas avoir été accueillie favorablement ; il ne paraît pas non plus qu'on approuvât les femmes d'en user : elle était trop contraire à l'idéal chrétien d'union complète entre le mari et la femme ; puis, le cérémonial en usage était pénible. Au début du xvᵉ siècle, quand la duchesse de Bourgogne, Marguerite de Flandre, jeta, selon l'usage, dit Monstrelet, ses clés et sa bourse sur la fosse où l'on venait de descendre le corps du duc Philippe le Hardi, le scandale fut grand parmi tous les nobles et sujets bourguignons qui assistaient aux funérailles.

obligée dont non obstant ladite renonciation elle peut être poursuivie, son recours néanmoins à elle réservé contre les héritiers du mari. Cette faculté de renoncer, inscrite dans la Coutume, devait se pratiquer depuis longtemps, bien avant la rédaction officielle, mais pas un document ne nous indique l'époque même approximative de son apparition dans le Bailliage d'Amiens.

Même renonçante, la femme conservait divers droits contre les héritiers de son mari qui gardaient tous les meubles et conquêts. Elle reprend d'abord ses propres immobiliers, puis un règlement de récompenses a lieu entre elle et les héritiers du mari, comme si elle avait accepté la Communauté; enfin on doit lui payer son douaire dans tous les cas : *la dite veuve, pour telle renonciation, n'est privée de son douaire coutumier ou préfix, ains est en son entier de pouvoir demander et opter l'un ou l'autre* (1). De Heu nous dit cependant que dans certains cas la femme en sera privée; elle perdra même alors sa part dans la Communauté et tous les autres avantages matrimoniaux lui seront enlevés : il en en est ainsi « sçavoir « si elle s'étoit absentée en divorce d'avec son mary, ou si « pour fornication il l'avoit quittée et abandonnée, sans qu'ils « se fussent depuis reconciliez (2) et la raison en est bonne, « parce que celle qui a renoncé à cette société et honnète « compagnie de vivre ensemblement, est présumée avoir « beaucoup moindre volonté de participer aux biens de « fortune, qui ne sont qu'accessoires et en conséquence de « ladite union des corps et des esprits » (3).

Les derniers mots de l'art. xcic permettent de croire que la femme renonçante conservait la sûreté que lui donnait l'hypothèque légale comme la femme acceptante, puisque le texte lui laisse son recours contre les héritiers du mari.

Malheureusement, la Coutume ne laisse à la femme qu'un préciput dérisoire sur lequel elle ne devra pas compter si elle renonce; l'art. ci défend avec un soin jaloux les droits du

(1) Coutume d'Amiens, art. C.

(2) Les Coutumes de Bretagne, de Normandie et d'Anjou disent la même chose.

(3) De Heu, *op. cit.*, Art. C, n° 3.

mari et il ne permet à la femme de prendre qu'une *robbe et l'un de tous ses habillements servans à son usage, non le meilleur ni le pire, mais le moyen, quand il y en aura plusieurs et s'il n'y en avoit de chacune sorte qu'un, elle l'aura et prendra franchement et sans aucune charge.* Elle n'emporte ni lit, ni meubles, ni bijoux, ce qui semble tout naturel à de Heu ; on peut néanmoins s'étonner de voir la Coutume laisser si peu de chose à la femme : Beaumanoir se montrait plus généreux, la Coutume de Paris aussi et celle de Bretagne laissait à la veuve renonçante son lit, deux paires de robes, des bijoux et les meubles usuels de sa chambre.

Les époux remédiaient souvent à l'insuffisance du préciput légal en le stipulant supérieur dans leurs contrats de mariage : d'après celui de Pierre Grenet et de Marie Obré, épiciers à Amiens, rue St-Leu, en 1714, la femme prendra par préciput et hors part, « qu'elle appréhende ou renonce à « la dite communauté, tous ses habits et linges à son « usage, son lit garny, bagues et joyaux, avec sa chambre « étorée » (1). D'ailleurs, dans la pratique du notariat il était d'usage d'augmenter le préciput légal : François Perache et son épouse conviennent que « ledit futur époux aura et rem- « portera hors et avant part ses habits et linges à son usage, « ses armes, canne, montre, deux chevaux et sa voiture s'il « y en alors, son bon lit garny et sa chambre étorée suivant « l'usage de cette ditte ville ; au cas contraire, la ditte future « épouse survivante, elle aura hors et avant part et sans « charge de dette, ses habits, linges à son usage, bagues, « joyaux, dorures, montre, toilette, deux chevaux, et chaise « roullante, s'il y en alors, son bon lit garny et aussy sa « chambre étorée, aussy suivant l'usage de cette ditte ville ».

Le délai accordé à la femme pour renoncer à la Communauté est de quarante jours à compter de celui où elle a eu connaissance de la mort de son mari ; on remarquera qu'il ne lui est point laissé, comme dans notre Code Civil (art. 1456) trois mois pour faire inventaire ; elle n'a que quarante jours pour le dresser et pour délibérer sur le parti qu'elle doit prendre.

(1) Archives du départ. de la Somme. Titres de la famille Grenet. E. 202

Mais pendant ce trop bref délai, elle doit bien se garder de disposer d'une manière quelconque des biens de la Communauté : elle ne doit pas « s'immiscer », disons-nous avec de Heu dans notre Code Civil, sinon elle se trouve privée du bénéfice de la renonciation et elle est considérée comme acceptante, quelque mauvais qu'ait apparu le résultat de l'inventaire par elle dressé ; encore moins lui est-il permis de dérober ou de cacher des objets qui appartiennent à la Communauté.

La femme renonçante devient étrangère à toutes dettes de la Communauté, mais si elle s'est engagée solidairement avec son mari, elle continue d'être tenue envers les créanciers de celui-ci, sauf, comme dit l'article xcix, son recours contre eux ; de Heu explique ici quelle était la solution de la Jurisprudence de son temps relativement à cette situation : la femme a signé une lettre de change avec son mari, par exemple, en renonçant au Velléien ; le mari meurt et elle refuse d'accepter la Communauté : le commentateur cite un arrêt du 13 août 1592 qui a jugé « que telle acceptation de « lettres de change du mari par la femme est sujette à « rescision comme une autre simple promesse en cas de « renonciation à la Communauté (1) ».

De Heu trouve cette solution étrange ; elle l'amène tout naturellement à parler du Velléien : supposons, dit-il, « qu'une femme s'oblige solidairement avec son mari.... et « qu'elle ait nommément renoncé au bénéfice du *senatus-* « *consulte Velleian authentique* « *si qua mulier.....* » et autres « droits introduits en faveur des femmes et même à la divi- « sion, ordre de discussion appelé *divi Adriani*, qui sont les « termes dont usoient les notaires », termes essentiels selon lui ; on se demande, continue-t-il en substance, si la femme renonçante est obligée pour le tout ou pour sa part seulement : un arrêt du Bailliage d'Amiens avait jugé que la femme n'était tenue que pour la moitié, mais de Heu avoue que les jurisconsultes et les interprètes du droit « vacillent

---

(1) N'y a-t-il pas ici quelque analogie avec l'article 113 de notre Code de Commerce qui dit que la signature des femmes et filles non négociantes ou marchandes publiques ne vaut que comme simple promesse ?

« et demeurent perplex ». La décision contraire « sauf
« meilleur avis » lui semble plus conforme au droit et au
texte même de la Coutume : en renonçant au Velléien, la
femme peut s'obliger avec son mari ; elle se met alors sur
le même pied que lui, elle se lie pour le tout, et si elle vient
ensuite renoncer à la Communauté, ce qui ne concerne pas
les créanciers, elle n'en demeure pas moins obligée suivant
les termes du contrat (1) : n'est-ce pas là le raisonnement
d'un excellent juriste ?

Nous ne devons pas oublier enfin que la séparation de
biens pouvait être accordée à la femme quand elle avait de
justes et sérieux motifs de plainte contre son mari ; de Heu
dit qu'elle a ainsi un moyen de renoncer à la Communauté
du vivant de son mari ; il faut avouer que c'est là une façon
spéciale d'envisager la situation qui est faite à la femme :
elle ne renoncera qu'après avoir été séparée de biens et le
fait de demander la séparation n'est pas une renonciation.

Les formalités à observer sont à peu près les mêmes que
de nos jours : « Il faut, dit de Heu, que la femme présente
« requête narrative du mauvais ménage de son mari et de la
« pauvreté qui le menace » ; cette requête contient aussi les
noms des créanciers ; ils comparaissent devant les gens du
roi. La séparation est ensuite ordonnée, un inventaire est
dressé, la femme reprend ses biens et une liste affichée au
Greffe en est dressée.

Disons, en terminant, qu'il est loisible aux époux de convenir dans leur contrat de mariage, d'un régime exclusif de
Communauté. « Or combien que la dite Communauté soit
« coutumière, dit de Heu, il est permis aux conjoints de
« stipuler et accorder entr'eux traitant leur mariage, qu'elle
« n'aura lieu, ains que la femme aura pour tout droit une
« certaine somme, ou rien du tout, s'il est ainsi accordé (2) ».

Telles sont les grandes lignes de la Communauté entre
époux dans la Coutume générale du Bailliage d'Amiens : on
pourra la trouver peu complète et prétendre qu'on ne la
rencontre guère que dans les commentaires de du Fresne

(1) DE HEU, op. cit., art. xcix, n° 44.
(2) DE HEU, op. cit., art. xcviii, n° 24.

et de de Heu ; mais il ne faut pas oublier que le voisinage
immédiat des contrées régies par la Coutume de Paris, si
importante et si envahissante, contribua beaucoup à enlever
à nos institutions coutumières picardes le peu d'originalité
qu'elles avaient et empêcha même d'en combler les lacunes.
Il est à remarquer aussi qu'à côté de la Coutume générale
et lui faisant souvent échec, il y a la multitude des Coutumes
locales qui tranchent en dernier lieu les questions de détail,
d'une façon souvent bizarre : au point de vue de la Communauté nous aurons l'occasion d'exposer quelques situations
particulières dans le chapitre suivant.

Cependant nous croyons avoir suffisamment démontré que
le rôle de la femme dans la Communauté a changé complètement depuis le xiii° siècle ; de Heu la considère encore
comme l'associée de son mari puisqu'il s'exprime ainsi :
« Comme l'associé acquiert tant pour lui, que pour son
« compagnon, ainsi le mari acquiert tant pour lui que pour
« sa femme (1) », mais il nous dit aussi que si elle s'oblige
avec lui, elle n'est plus considérée que comme caution, que
le mari reste seul saisi de tous les conquêts, que la femme
n'en a rien tant qu'elle n'a pas appréhendé expressément ou
tacitement la Communauté.

On a bien imaginé plusieurs contre-parties en faveur de
l'épouse, renonciations, hypothèque légale et surtout les
récompenses, mais tout cela vient de l'idée de société qui
se développait, tandis qu'au contraire, l'idée d'une franche
association qu'on avait eu de la Communauté entre époux
s'affaiblissait ; l'influence romaine fut surtout prépondé-
rante : cependant, il est équitable que dans une société
d'intérêts pécuniaires, chaque associé soit indemnisé pour
tout ce qu'il a tiré de ses propres biens ou pour tout ce qui
a servi à la société.

Intervenant seulement dans le partage de cette sorte de
Communauté d'acquêts, la femme ne sera vraiment associée
que si elle accepte le résultat de la gestion du mari, au point
que la formule excessive trouve à Amiens, comme dans

(1) DE HEU, op. cit., art. xcviii, nᵒˢ 51, 52, 53.

beaucoup de Coutumes, sa trop réelle application : *Uxor non est proprie socia, sed speratur fore.*

III. Le Douaire.

Les textes de la Coutume générale du Bailliage et les explications des commentateurs relatives au Douaire de la femme, ne sont que le développement logique des idées que nous avons déjà rencontrées dans les Anciens Usages municipaux d'Amiens. Nous ne reviendrons pas sur les explications générales que nous avons données à propos du douaire dans un précédent chapitre ; nous nous bornerons à signaler et à mettre en lumière l'extension et les perfectionnements apportés à cette institution, telle qu'elle apparaît dans la Coutume de 1567.

De Heu attribue au douaire une origine exclusivement romaine : il le fait découler de la *donatio ante* ou *propter nuptias*, mais il paraît ignorer la *dos ex marito* germaine et le *morgengab* : il constate cependant une différence entre le douaire et la *donatio propter nuptias*, « en ce que les « choses données appartenaient proprement à la femme et « augmentaient même quelquefois sa dot ».

C'est par la consommation du mariage, ou plutôt au moment où naît la présomption de consommation, que la femme acquiert le droit de recevoir son douaire si elle devient veuve : *Le dit douaire*, dit l'art. cxi, *s'acquiert incontinent après le mariage parfait et consommé pour avoir lieu après le trépas du mari.* La présomption de cohabitation suffit et la preuve contraire n'est admise que très difficilement ; voici d'ailleurs l'explication de de Heu : « Le douaire

« n'est acquis à la femme, si elle n'a été du moins conduite
« jusques en la maison du mari et lui délaissée pour en
« joüir, quoiqu'il en soit, tant qu'elle a été en sa puissance
« et qu'il n'a tenu qu'à lui qu'il en eût fait sa volonté, ce qui
« semble suffisant même en notre Coutume, sans entrer en
« plus grande indagation de la conjonction charnelle, parce
« qu'elle est présumée, et que ce seroit contre la bien-
« séance et pudicité chrétienne de rechercher autre preuve
« de la dite consommation par visitation de corps et autre
« voye deshonnête » (1).

Du Fresne, d'accord avec les Coutumes de Clermont, de
Normandie, de Valois et de Cambrai, accorde le douaire
aux personnes impuissantes par leur grand âge qui se
marient, parce que, dit-il, « en la Loy Evangélique nous
n'avons point reçu le mariage comme en la Loy de
nature..... »

La cohabitation, exigée pour le douaire, paraît être un
souvenir du Morgengab des Germains : Loysel résume ainsi
les idées coutumières de son temps : « *au coucher femme
gagne son douaire,* » mais il ajoute que certaines coutumes
le font acquérir à la femme dès la bénédiction nuptiale
comme la communauté, la Coutume de Chartres, par
exemple.

Nous n'avons rien rencontré de semblable dans les Vieux
Usages d'Amiens du XIIIᵉ siècle : c'est le mari qui, volontai-
rement, constitue le douaire de sa femme au jour du mariage
ou quelque temps après.

Le droit au douaire coutumier ainsi acquis, sorte de *pretium virginis*, la femme pouvait le perdre pour des motifs
très graves ; nous les glanons dans les commentaires de
de Heu et de du Fresne.

La consommation au moins présumée du mariage était
nécessaire pour faire naître le douaire, mais l'impuissance
naturelle de l'un des deux époux devient un obstacle à leur
union charnelle : si la femme se plaint en justice de l'impuissance de son mari, le douaire lui sera refusé et rien
n'est plus logique puisque l'impuissance (excepté chez les

(1) DE HEU, *op. cit.*, art. CXI, nᵒˢ 6, et 7.

personnes d'un grand âge qui se marient surtout pour trouver une compagnie dans leurs vieux jours) est une cause de nullité absolue du mariage : avec l'union inexistante doivent tomber également toutes les conventions pécuniaires qui en sont les accessoires (1).

De plus, le mariage est privé d'effets civils, quand il a lieu *in extremis* après concubinat ; la femme n'a aucune part dans la communauté et principalement ne peut recevoir aucun douaire ; de Heu cite à l'appui de son dire un arrêt du 31 mai 1591 : la femme ne fut pas jugée épouse légitime malgré le mariage contracté. (2)

Nous avons vu au chapitre de la Communauté que la femme perdait sa part dans le partage des biens et son douaire aussi, pour abandon de son mari, adultère ou « fornication » ; nous n'y reviendrons pas. De Heu, cite encore cependant, d'après Valère Maxime (livre 8, chapitre 2), le cas d'un certain Caius Turius qui épousa « une certaine « femme impudique qu'il reconnoissoit pour telle, seule- « ment à intention que l'ayant répudiée pour la libricité, il « la privât et spoliât de sa dot ; car la femme convaincüe « d'adultère et accusée d'icelui, séparée d'avec son mari, « est indubitablement indigne dudit droit, et ne le peut « prétendre » (3).

Le douaire, acquis dès la consommation du mariage, n'est laissé à la femme qu'après la mort de son conjoint : « *Jamais* « *mari ne paiera douaire* » dit Loysel, et cette disposition répond parfaitement au but de l'institution qui est d'empêcher la veuve de tomber dans la misère ; il est inutile d'ajouter que la femme ne pourrait tirer aucun avantage de son gain de survie s'il lui était laissé pendant la vie du mari, puisque c'est lui qui en serait l'administrateur comme *tuteur* de la femme et de ses biens.

De Heu prétend cependant, à juste titre selon nous, que le douaire peut être payé à la femme avant la mort naturelle

(1) DU FRESNE, Commentaires de la Coutume d'Amiens, p. 196 ; il cite 'art. 450 de la Coutume de Bretagne, comme donnant la même solution.

(2) DE HEU, *op. cit.*, art. CXI, n° 9.

(3) DE HEU, *op. cit.*, art. CIX, n° 10.

du mari, s'il est mort civilement, s'il est banni à perpétuité, si, avec le consentement de son épouse, il s'est fait moine ou religieux profès, ou enfin, s'il est devenu serf ou prisonnier des Turcs (1).

Nobles ou roturières, toutes les femmes ont droit au douaire, mais l'art. cxii de la Coutume en fait varier le taux suivant qu'il s'agit de biens féodaux ou d'héritages cottiers ; au xvi⁰ siècle, le douaire est devenu légal, coutumier, et si les époux n'ont rien déclaré dans leur contrat de mariage, la femme jouira quand même pendant son veuvage de la moitié des héritages féodaux de son mari et du tiers de ses cotteries.

Nous devons nous souvenir qu'au xiii⁰ siècle, à Amiens, la veuve ne pouvait avoir que ce qui lui était constitué en douaire par le mari.

Ce douaire conventionnel n'est d'ailleurs pas supprimé par la Coutume du Bailliage ; le mari peut toujours consti tuer à sa femme, qui pourra opter, tel douaire qu'il lui plaira, *tel qu'elle voudra, encore que par le traité de mariage ne lui soit réservé, ce qu'elle sera tenüe déclarer et opter dedans quarante jours après le décès de son mari, l'héritier appelé* (2). Il est à remarquer que la coutume ne fixe pas de maximum : dans son contrat de mariage, François Perache donne à Marie Baillet, sa future épouse « mille livres de « rente viagère pour son douaire préfix, à prendre sur tous « ses biens quand douaire aura lieu et au cas où il n'y « auroit point enfans vivans issus et procréés dudit futur « mariage, et de cinq cens livres seulement pour le douaire « au cas où il y auroit enfans vivans issus dudit futur « mariage, lorsqu'il auroit lieu. » Pierre Grenet (1714) se borne à déclarer que sa future épouse jouira purement et simplement du douaire coutumier, si elle devient veuve.

Il s'agit maintenant de savoir sur quels biens seront ou pourront être établis les deux sortes de douaire, coutumier et conventionnel : l'art. cxii de la Coutume répond très clairement à cette question : *Douaire coutumier est de moitié des*

(1) DE HEU, *op. cit.*, art. CIX, n° 18.
(2) Coutume d'Amiens, art. CX.

7

héritages féodaux et du tiers des héritages cottiers du mari,
qu'il avoit lors du mariage et qui lui auroient été donnez aupa-
ravant icelui, ou en le traitant soit qu'il en fut saisi ou non,
ou de ceux qui lui soroient avenus durant le mariage par suc-
cession en ligne directe, ou par donation de père, mère, ou
autres ascendants en ligne directe : pour ladite veuve pren-
dre les fruits de la dite moitié et tiers et en joüir sa vie
durant seulement : toutefois en la Prévôté de Foulloi, la
femme prend moitié aux cotteries comme en fief.

Ce texte appelle quelques explications : de Heu dit formellement que sous le nom d'*héritages* sont également com-
prises les rentes constituées à prix d'argent, parce qu'elles
sont réputées immeubles. Les Commentateurs distinguent
ensuite entre le douaire coutumier et le douaire préfix ;
nous préférons l'explication de du Fresne : « le douaire cou-
« tumier, dit-il en substance, est un droit de propriété trans-
« féré aux enfants au jour du mariage, il ne peut leur être
« enlevé par leurs père et mère, ni par personne, pas même
« par un décret rendu à la requête des créanciers. Pour la
« femme, c'est toujours un droit fixe et certain sur les
« immeubles du mari. Le douaire préfix au contraire n'est
« qu'une dette hypothécaire semblable à toutes les rentes
« constituées, ce qui fait que les veuves et les enfants ne
« sont que les créanciers comme les autres, avec garantie
« sur tous les biens meubles, immeubles et acquêts du mari,
« selon la convention faite, *aussi viennent-ils par contribu-*
« *tion au sol la livre sur le prix des Offices comme sur les*
« *autres meubles sans aucun privilège* ».

Le douaire est-il dû si la dot promise au mari ne lui a pas
été payée, se demande de Heu, commentant l'art. CXII ?
Question bien digne d'un romaniste tel que lui ! Le douaire,
dit-il, « dérive de la *donatio ante* ou *propter nuptias* que
Justinien dit expressément ne pouvoir être demandée au
mari ou à ses héritiers si la dot n'a pas été payée » ; mais
d'après notre commentateur, toute femme mariée peut indis-
tinctement réclamer son douaire, d'abord parce que l'art. CXII
n'y met aucune condition, et ensuite parce que ce droit lui
est acquis aussitôt le mariage parfait et consommé.

On n'a pas oublié qu'à Amiens, au XIIIᵉ siècle, le douaire, qui n'était que conventionnel, frappait d'une quasi inaliénabilité les immeubles désignés par le mari comme gain de survie de la femme et remplaçait l'hypothèque légale dans une certaine mesure.

Dans la coutume du Bailliage, au contraire, la femme, en dehors de son droit de *veto* relativement à l'aliénation de son douaire par le mari, avait en outre hypothèque pour le douaire préfix comme pour le douaire coutumier, sur tous les biens de celui-ci, de sorte que le patrimoine de l'époux, grevé déjà d'une hypothèque pour garantir l'exécution des conventions matrimoniales et pour les récompenses dues à la femme, l'était encore pour la sauvegarde du douaire ; que devenait alors le crédit du mari ?

Boutillier dans sa *Somme rurale* permet à la femme de subroger dans ses droits un créancier du mari, mais sous la condition expresse qu'elle reçoive en compensation un autre immeuble et seulement après avoir demandé conseil à plusieurs personnes et plusieurs fois ; de Heu se range à cet avis qui est également exprimé, dit-il, dans la loi 22 du Sénatus-consulte Velléien : le consentement donné par la femme à la vente de son douaire, sa renonciation à l'hypothèque ne peut ni ne doit lui préjudicier.

L'art. 470 de la Coutume de Bretagne disait au contraire que la femme qui consentait à l'aliénation d'un propre du mari perdait son douaire, sans récompense possible sur les autres biens : Poullain du Parc, commentant cet article, craignait que la femme ne fût la première à engager son mari à vendre ses propres pour dépouiller ensuite les héritiers par l'exercice de son douaire sur les autres biens.

N'était-ce pas écarter complètement les acquéreurs et anéantir ainsi tout le crédit du mari ?

Comment l'héritier délivrera-t-il le douaire à la veuve ? S'il s'agit de bien féodaux, il en fera deux lots, en prendra un et laissera l'autre à la femme ; mais, d'après l'art. CVIII, le partage des biens nobles est toujours fait aux frais de la douairière. S'agit-il au contraire de terres roturières, le partage en est fait à frais communs entre la veuve et l'héritier :

un arrêt du Bailliage d'Amiens du 20 juin 1586 est en ce sens.

La veuve n'a aucun droit de douaire sur les châteaux et forteresses qui appartenaient à son mari (1) : « Les châ-« teaux-forts sont plus propres et plus convenables aux « hommes qu'à la nature douce et imbécille (2) des femmes » ; c'est, du reste, la seule exception donnée par la Coutume ; mais rien n'empêchait de décider dans le contrat de mariage que la femme devait jouir de cette catégorie de biens.

Cependant si le mari ne laisse qu'une ou plusieurs forteresses, les héritiers devront en délivrer la jouissance à la femme qui sera chargée de *l'entretenement de pel, verge et couverture seulement* (3), dit l'art. cxxi.

La femme roturière peut exiger, comme la femme noble, que la jouissance d'une maison convenable, qu'elle habitera pendant son veuvage, lui soit laissée : *l'héritier ou le proprié-taire des fiefs et héritages chargés de douaire du défunct est tenu de bailler et assigner à la veuve doüairière, maison de doüaire selon l'état d'elle quand es dites y a maisons et édi-fices, mais quand il n'y en a n'est tenu lui en bailler* (4).

Mais la douairière ne jouit pas de tous ces avantages sans être tenue de quelques obligations et de quelques charges : de Heu l'assimile à une usufruitière et l'art. cxviii de la Coutume dit que la veuve doit jouir des terres boisées mises dans son lot comme « usufructuaire et en bon père de famille » ; elle doit faire les coupes et « tondures » en saison convenable, elle ne peut ni dessoler, ni faire abattre les bois, ni couper les gros arbres nommés « perots » ou « tayons » : le propriétaire qui les abat est seulement tenu de récom-penser la femme « de la glandée, paisson et autres fruits desdits arbres. »

Le droit de chasse et de pêche appartient aussi à la veuve, mais il lui est défendu d'en user au point de dépeupler les bois, les garennes et les viviers.

(1) Cout. d'Amiens, art. cxxi.
(2) *Imbécile* signifie *faible* à cette époque.
(3) C'est à peu près notre expression *clos et couvert*.
(2) Coutume d'Amiens, art. cxx.

C'est ici que de Heu se demande si la douairière peut perdre ses droits par négligence ou par abus de jouissance : dans certaines Coutumes de France, dit-il à peu près textuellement, la veuve qui n'entretient pas avec soin les immeubles dont elle jouit, qui ne taille pas les vignes, qui fait couper et abattre les gros arbres, qui, par sa faute, laisse s'écrouler les maisons, dans tous ces cas, la veuve perd son douaire et elle se trouve en outre tenue de dommages-intérêts envers l'héritier « et cette disposition quoique particulière est « approuvée pour générale et soutenue conforme au droit « par aucuns de nos Docteurs modernes » ; mais notre commentateur n'est pas partisan de faire perdre la saisine à la veuve pour négligence ou abus de jouissance : « toutefois, « dit-il, je tiens qu'en notre Coutume pour ce qu'il n'y a « aucune peine apposée, nous ne la devons ajouter et que la « femme ne seroit à priver de son droit pour en avoir mal « usé, mais qu'elle seroit teüüe seulement de réparer le « dommage et indemniser le propriétaire » (1).

La douairière devait aussi supporter les charges de l'arrière-ban et les acquitter pendant toute la durée de sa jouissance (2).

Si la femme s'est mariée plusieurs fois, elle jouit du douaire coutumier sur les biens de ses divers maris, mais de Heu prend soin de nous indiquer la façon différente et même un peu méfiante dont sont traitées les femmes qui convolent en secondes noces : elles sont obligées de donner bonne et suffisante caution, tandis que pour les femmes qui se marient une première fois, on se contente de la caution juratoire pour leur accorder leur usufruit.

Nous dirons enfin que la Coutume du Bailliage accorde à la femme l'hypothèque légale sur tous les biens de son mari, pour la garantie de son douaire ; cette hypothèque prend date dès le jour et dès l'instant de la consommation du

---

(1) D'après la Coutume de Bretagne, la femme perdait son douaire pour abus de jouissance.

(2) « La veuve doit, pour les héritages qu'elle tient en fief, porter les « charges de l'arrière-ban et les acquitter pour le tems que ledit douaire « aura cours. » Art. cxxii. Coutume d'Amiens.

mariage ; l'article cxv est très explicite : *Pour douaire préfix ou coutumier, ladite femme a hypothèque sur tous les biens du mari, en telle manière qu'elle précède toutes les autres hypothèques subséquentes la perfection et la consommation dudit mariage pour le regard des héritages dont le mari étoit lors saisi, ou qui lui ont été donnez, comme dit est. Et quant à ceux qui depuis la perfection et consommation du mariage seroient avenus audit mari en ligne directe, ledit doüaire précède les hypothèques créées depuis que les héritages seroient avenus audit mari.*

Avec la Révolution, l'institution du douaire a disparu : le principal avantage qu'en retirait la femme, c'était de recevoir un revenu sérieux quand la communauté était mauvaise et qu'elle y renonçait.

Mais pendant le xviii° siècle, le douaire était devenu odieux : il grevait trop lourdement le patrimoine du mari et c'est avec raison qu'on l'a supprimé du nombre de nos institutions civiles ; cependant rien ne s'opposerait à ce que, par contrat de mariage, on stipulât encore aujourd'hui, au profit de la femme, des avantages analogues à ceux du douaire (1).

---

(1) Le douaire des enfants n existe pas dans la Coutume générale du Bailliage d'Amiens ; on en trouve cependant encore des traces dans la Coutume locale de la ville, rédigée en 1507. — La loi moderne ne donne au conjoint survivant que des droits tout à fait insuffisants sur la succession du conjoint prédécédé ; une loi du 9 mars 1891 accorde, il est vrai maintenant, un usufruit d'un quart ou de la moitié à l'époux survivant, selon qu'il y a ou n'y a pas d'enfants.

IV. Donations entre Époux.

Les Donations sont formellement prohibées entre époux par l'article cvi de la Coutume du Bailliage : *Personnes conjointes par mariage, ne peuvent donner l'un à l'autre entre vifs durant leur dit mariage, ni s'avantager l'un l'autre de leurs biens meubles, héritages, acquêts et conquêts immeubles ; mais par testament et ordonnance de dernière volonté, se peuvent avantager et donner l'un à l'autre tous leurs biens meubles, dettes, acquêts et conquêts immeubles, avec le quint de leurs propres héritages, à toujours, ou à vie, ainsi que bon leur semble, au cas toutefois qu'il n'y ait enfans dudit mariage, ou d'autre précédent ; et s'il y en a, ne peuvent donner l'un à l'autre que l'usufruit.*

Les raisons que donne de Heu de cette prohibition sont assez justes : il craint les excès, les trop grandes libéralités qui sont souvent suggérées par l'époux le plus rusé au détriment de l'autre conjoint plus timide ou plus faible de caractère ; il redoute aussi les « rixes, querelles et riotes » qui sont la conséquence ordinaire du mauvais vouloir de l'un et des tentatives d'extorsion de l'autre : « au lieu que « le vrai amour, conclut-il, ne doit avoir pour objet que « soi-même et ne tendre qu'à autre pareil amour et réci- « proque ».

Il est vraiment curieux de voir de Heu interdire la dona-tion entre époux au nom de l'amour conjugal, qui ne doit pas se baser sur des biens matériels, qui ne doit être que la communion des âmes et des cœurs, tandis que toutes les Coutumes qui autorisent les donations entre époux, en font une preuve certaine, un *criterium* de l'affection qui doit toujours présider à la parfaite union entre personnes mariées.

Cependant les conjoints peuvent s'avantager par testament et se léguer leurs acquêts et le *quint* de tous les héritages (art. CVI *in fine*); de Ileu nous fait remarquer que si le don mutuel est interdit aux époux, il leur est permis de se faire réciproquement telle donation qu'il leur plaira, par testament mutuel ou séparé. Nous ne concevons plus de nos jours qu'un testament puisse être fait par deux personnes également intéressées et dans un même acte; nous le considérons comme essentiellement personnel, libre et révocable.

L'usage du testament mutuel était cependant très répandu, puisque c'était le seul moyen pour les époux de se transmettre les biens qu'il leur plaisait de se donner; il n'était pas révocable par la seule volonté de l'un des deux conjoints. Puisqu'il fallait le consentement mutuel pour sa formation, pourquoi le même concours de volontés n'eût-il pas été exigé pour sa révocation? D'accord avec son conjoint, l'époux qui voulait révoquer ses dispositions devait être en bonne santé : « au lit mortel », une donation testamentaire mutuelle devenait irrévocable. Il n'en était pas de même d'un testament ordinaire.

Le testament mutuel s'employait même quand il ne s'agissait pas de donations entre époux, mais seulement de legs à faire aux enfants nés du mariage, par exemple, ou plus simplement de fondations pieuses; nous en avons la preuve dans un acte passé en 1482, environ vingt-cinq ans avant la première rédaction de la Coutume (1507); Maître Tristan Falconnel, conseiller au Bailliage d'Amiens et Antoinette Lefranchomme, son épouse, décident : « Item et au regard « des fiefs, terres et seigneuries de Rumigny et de Coisy « que nous avons acquestées, nous avons donné et laissé « après le trépas de nous deux, c'est à savoir icelle terre de « Rumigny et un des deux jardins.... en la rue des Jacobins « à Amiens, à François, notre fil et à Anthoinette, notre fille, « pour en joyr par eulx et leurs enfans...... et s'il advenoit « que les dits François et Anthoinette ne eussent nuls « enfans issu de eulx....., nous avons donné et laissé la dite

« terre de Rumigny à l'église Notre Dame d'Amiens afin
« qu'ils prient Dieu pour les âmes de nous (1) ».

Il est à remarquer enfin que la femme remariée ne peut
nuire par ses dispositions testamentaires ou entre-vifs, aux
enfants de son premier mariage : l'article CVII de la Coutume
n'a fait que reproduire en propres termes l'Edit des Secondes
Noces de François II (1560) : *Femme ayans enfans du premier mariage, ne peut disposer en manière que ce soit au
profit d'autre mari, ou autre personne, des avantages et
profits nuptiaux qu'elle a eus dudit premier mari, ains les
doit entièrement garder aux enfans dudit premier et précédent mariage, dont lui sont procédez lesdits avantages et
biens; mais si elle n'avoit enfans dudit mariage, elle en peut
disposer comme d'autre chose.*

La clarté de cet article nous dispense de tout commentaire.

---

(1) Archives du dép. de la Somme. Chapitre de Notre-Dame d'Amiens,
armoire 5, liasse 67, pièce 1. — Origin. parch. Traces de sceau.

CHAPITRE TROISIÈME

QUELQUES PARTICULARITÉS DU DROIT DES GENS MARIÉS DANS LES COUTUMES LOCALES DU BAILLIAGE D'AMIENS

I. Régime des Biens entre Epoux.

La Communauté est ici encore le seul régime matrimonial connu, mais les Coutumes locales nous fournissent des dispositions importantes, imprévues et tout-à-fait différentes bien souvent de celles des textes et des commentaires de la Coutume générale du Bailliage ; il est absolument indispensable de les indiquer et de les expliquer brièvement. La difficulté sera de mettre un peu d'ordre dans une matière aussi décousue et de coordonner des éléments aussi disparates.

Dans certaines coutumes locales, la composition de la
Communauté n'est pas la même, activement, que dans la
Coutume générale : à Barlin (1), le mari est réputé seul
propriétaire des acquêts féodaux et l'art. 16 de la coutume
d'Adinfer (2) déclare que si *deux conjoincz acquestent
ensemble aucuns fiefz, s'il n'y a condicion au marché faire,
l'homme seul est acquesteur ; la femme ne peut avoir que son
douaire.* Les biens nobles acquis pendant le mariage ne sont
donc pas conquêts de Communauté, mais ils restent propres
au mari.

Les acquêts cottiers, au contraire, sont, dans les autres
localités, réputés communs aux époux qui peuvent en disposer à leur volonté ; il en est ainsi dans la coutume locale
d'Amiens, dans celles de Béallières, de Mézerolles, de Louvencourt, de Molliens-au-Bois, de Pernes, d'Hébuterne (3).

Il est intéressant de signaler l'extension considérable
donnée au principe de la communauté par l'art. 13 de la
coutume de Daours : les époux ne sont communs en biens
qu'à partir de la consommation du mariage, mais dès cet
instant, *chacun acquiert et lui appartient la moitié de tous les
héritages que ung chacun d'eulx apporte audit mariage tant
d'acquestes comme autrement ;* et le texte dit bien que si un
homme très riche épouse une femme sans dot ou possé-
dant seulement une petite fortune, l'épouse sera propriétaire de la moitié de tous les biens de son conjoint, qui n'en
pourrait disposer en aucune façon sans son consentement ;
et la réciproque serait vraie également pour le mari peu
fortuné s'alliant à une riche héritière : c'est la communauté
universelle, la communauté de tous biens. La conséquence

(1) BARLIN, canton de Houdain (P.-de-C.), prévôté de Beauquesne en 1507.
Art. 17 de la Coutume : Item se deux conjoincz acquestent aucuns manoirs
en la dite seigneurie, l'homme seul est réputé pour acquesteur.

(2) ADINFER, canton de Beaumetz (P.-de-C.), prévôté de Beauquesne
en 1507.

(3) BÉALLIÈRES, aujourd'hui *Béalcourt*, canton de Bernaville, arrond. de
Doullens.

MÉZEROLLES, LOUVENCOURT, canton d'Acheux, arrond. de Doullens, MOLLIENS-
AU-BOIS, canton de Villers-Bocage, arrond. d'Amiens, PERNES, canton
d'Heuchin (P.-de-C.), HÉBUTERNE, canton de Pas, (P.-de-C.)

logique de cette disposition est que le douaire de la femme
n'est pas en usage « en la dite ville de Daours » (1).

On doit se rappeler qu'au XIII° siècle, à Amiens, on procédait d'une manière assez bizarre au partage des biens de
l'époux décédé : il s'agissait d'une division en trois parts
dont une était laissée à l'époux survivant, l'autre au mort et
la troisième aux enfants.

L'art. IV de la Coutume de la « ville, loy, mairie, prévosté,
échevinage et banlieue », nous donne l'explication de cette
disposition originale ; il reproduit presque textuellement,
mais en l'expliquant, l'art. 47 des Anciens Usages municipaux qui nous parut obscur : d'après le texte de la Coutume
locale de 1507, il s'agit seulement du partage des *meubles*
et la situation se trouve très simplifiée : à la mort de l'un
des époux, on en fait trois parts : le survivant en a un tiers,
un second tiers est laissé pour payer les legs, les funérailles et les dettes du défunt ; les enfants prennent le dernier tiers, à la charge de contribuer aux dettes pour leur
part. Le reliquat de la part du mort reviendra aux enfants
quand tous les legs, obsèques et funérailles seront payés,
et s'il n'y a pas d'enfants, le survivant des époux prendra la
moitié des meubles. Le texte de la Coutume de 1507 est plus
explicite que celui des Anciens Usages municipaux du
XIII° siècle en ce qu'il détermine l'emploi du tiers laissé au
mort (2).

(1) Daours, canton de Corbie, arrond. d'Amiens, prévôté de Fouilloy
en 1507. — Art. 13 de la Coutume : Item, par la dite coustume locale, toutes et
quantes fois que ung homme et une femme sont conjoints et alliez par
mariage, incontinent ledit mariage consommé, chacun acquiert et lui appartient la moitié de tous les héritages que ung chacun d'eulx apporte au dit
mariage, tant d'acquestes comme d'autrement, en telle manière que se ung
homme, possesseur de plusieurs grans rentes et héritages, prendoit une
femme qui n'eust poeu ou néant de biens, en ce cas, incontinent le dit mariage
parfait, ladite femme arroit part et portion en tous les héritages, cens et
rentes dont il seroit saisy au jour dudit mariage, desquels ledit mary ne
porroit disposer, vendre, cedder, transporter, ne alliéner de la moittié des
dits héritages par lui apportez audit mariage, se n'estoit du consentement
de sa dite femme, à laquelle par la dite coustume appartient la dite moittié
et à ceste cause douaire ne a point lieu en la dite ville de Daours.

(2) Coutume locale d'Amiens (1507) art. IV. — Par la dicte coustume,
toutesfois que l'un des deux conjoincts va de vie à trépas et délaisse enfans

Bouthors prétend que cette disposition fut abrogée comme injuste, lors de la réformation des Coutumes en 1562 sur l'observation des praticiens, qui firent remarquer que cette division de la succession mobilière en trois parts était contraire à l'ancienne coutume du Bailliage d'Amiens portant que : « Par le trespas du premier mourant de deux « conjoinctz, *ab intestat*, les biens meubles se partissent « par moitié également, assavoir, la moitié au survivant et « l'autre moitié aux héritiers du décédé » (1).

Dans certaines villes bourgeoises du Bailliage, les droits de l'époux survivant étaient très étendus : à Ardre et au Pays-de-l'Angle (2), les biens de chaque époux tombent en communauté, meubles et immeubles, et à la mort de l'un des conjoints ; ils se partagent par moitié entre le survivant et les héritiers du défunt.

L'art. 20 de la Coutume d'Audruick (3) met une condition au partage par moitié des biens de cette communauté universelle : il faut qu'au décès de l'un des époux, l'autre jouisse des privilèges de la bourgeoisie, « pour tant que à ce jour « ils soient tenus bourgeois ».

procréez de leur mariage, en ce cas les biens meubles se partissent et divisent en trois parties, c'est à scavoir : ung tiers au survivant, ung aultre tiers à la disposition du déceddant et pour acomplir ses testameus, obsèques et funérailles, ou aultrement, et l'autre tiers ausdits enfans, à la charge de paier et aquicter les debtes aussy pour ung tiers sur chacune des dites trois parties. Et se tel déceddant alloit de vie à trespas, sans avoir disposé de son dit tiers pour testament, et il y avoit résidu après ses dits obsèques et funérailles aquicter, icelluy résidu appartiendroit ausdits enfants, à la charge du tiers des debtes qui se doibt prendre sur la part dudit défunct ; et s'il n'y a aucuns enfans, les dits meubles se partissent et divisent en deux, c'est à savoir : la moictié à la disposition du deceddant et pour aquicter sa moitié des debtes avec ses obsèques et funérailles et l'autre moictié au survivant, à la charge de l'autre moictié des dites debtes.

(1) Bouthors, *op. cit.*, tome I. Notice sur la Coutume d'Amiens.

(2) Ardre, chef-lieu de canton (P.-de-C.).

(3) Audruick, chef-lieu de canton (P.-de-C.).

II. Le Douaire

dans les Coutumes locales du Bailliage.

Il n'y a guère que les Coutumes des villes d'Echevinage, des bourgs libres, qui réglementent le douaire, mais c'est seulement pour en restreindre la portée : tantôt la femme ne peut en jouir qu'après un envoi en possession, par une « mise de fait », tantôt les usages locaux décident que le douaire de la veuve ne pourra être que conventionnel et portera exclusivement sur les biens désignés par le mari.

Dans toutes les autres coutumes locales, on parle très peu du douaire ; il est vrai que la Coutume générale du Bailliage organisait très suffisamment cette institution.

A Lens, à Montreuil, à Hesdin (1), le douaire n'a pas lieu s'il n'est stipulé dans le contrat de mariage ; nous avions déjà trouvé semblable disposition dans les anciens usages d'Amiens du XIIIᵉ siècle : le douaire n'était que conventionnel, et nous ne sommes pas étonnés de la retrouver

---

(1) Lens, arrondissement de Béthune, prévôté de Beauquesne en 1507.

Art. 7 de la Coutume locale : et quant aux héritages cottiers en main ferme icelles femmes n'y ont aucun douaire.

Montreuil, chef-lieu d'arrondissement (P.-de-C.), siège de la prévôté du même nom en 1507.

Art. 6 de la Coutume locale : En la dite ville et banlieue de Monstrœul, n'a point de douaire se il n'est convenanchié.

Hesdin, aujourd'hui *Vieil-Hesdin*, arrondissement de Saint-Pol ; prévôté de Beauquesne en 1507.

Art. 22 de la Coutume locale : Les femmes vesves ne peuvent prétendre aucun douaire sur les biens du mari situez dans la ville et banlieue, ni coustumier ni autre s'il n'est stipulé dans le contrat de mariage.

intacte dans les textes de la Coutume locale rédigée en 1507
et même dans la seconde rédaction de 1567 : « en la Ville.
Loy, Mairie, Prévosté, Echevinage et Banlieüe d'Amiens »,
on ne connaît toujours que le douaire conventionnel, le seul
permis : *en la ville et banlieüe d'Amiens n'y a aucun doüaire
s'il n'est convenancé et reconnu par devant les Maïeurs, Prévôt
et Echevins*», dit l'art. 4 de la nouvelle coutume locale. La fin
de l'article est un souvenir du douaire des enfants si important au moyen-âge : « *et s'il est reconnu, ledit douaire est héritage aux enfans et ne se peut aliéner à leur préjudice, pourvu
toutefois que les héritages soient déclarez et spécifiez ès lettres
de ladite reconnaissance ; pour laquelle ne sont dus aucuns
droits seigneuriaux, pourvu aussi que lesdits enfants ne soient
héritiers de leur père.*

Le taux du douaire coutumier est toujours le même dans
toutes les coutumes locales : il est fixé aux tiers des cotteries
du mari et à la moitié des héritages féodaux : certains
usages locaux ont cru devoir rappeler cette disposition qui
est déjà insérée dans la coutume générale du Bailliage.

Cependant la prévôté de Fouilloy fait exception à la règle :
à Corbie (1) notamment, le douaire de la veuve est de la
moitié des terres roturières comme des fiefs.

La coutume très importante de Baralle et Buissy (2)
emprunte aux usages locaux d'Arras tous les articles qui ont
trait aux droits et obligations de la femme (3) ; le chapitre XV
de cette longue coutume (180 articles) est intitulé : *Par
quelles manières peult une femme faire qu'elle n'a point droit*

---

(1) CORBIE, chef-lieu de canton, arrondissement d'Amiens, prévôté de
Fouilloy en 1507.

Art. 1 de la Coutume du comté :... lequel droit de douaire est tel : que de
jouyr par icelle vesve, si elle survit son dit mary, de la moitié de tous les
héritaiges féodaulx comme cottiers en tous proffitz durant sa vie, à commencer
du jour que elle se y sera fait *mettre de fait*, ou que l'héritier de son dit
mary lui aura consenty et accordé icelluy droict de douaire.

(2) BARALLE ET BUISSY, aujourd'hui *Buissy-Baralle*, arrondissement d'Arras,
prévôté de Beauquesne en 1507.

(3) Il ne faut pas oublier qu'*Arras*, *Hénin-Liétard* et même *Douai*, éloignés
d'au moins 60 ou 80 kilomètres d'Amiens, chef-lieu du Bailliage, dépendaient
alors de la prévôté de Beauquesne.

de douayre (1). La femme peut perdre son douaire de trois manières : d'abord le mari peut vendre son fief ou un immeuble quelconque et donner en échange un autre bien à la femme ; si elle vend à son tour l'usufruit de ce bien, elle éteint ainsi son droit de douaire.

Elle peut aussi renoncer devant l'officialité à tout ou à une partie des droits qu'elle peut avoir sur les biens de son mari.

Enfin, le douaire est perdu pour la femme sur les immeubles qui répondent de l'engagement du mari, si elle renonce au Velléien.

(1) Art. 107, 108, 109 et 110 de la Coutume de Baralle et Buissy :

Art. 107 : Par trois manières, peult le femme faire tant quelle n'a droit de douaire en che que ses maris a vendus durant leur mariaige.

Art. 108 : Li premiers, si est quant sen mary vent sen fief et baille et délivre par devant hommes et seigneur, de se terre, à ledite femme, en escange pour le douaire quelle y porroit demander, et elle se en tiens à bien récompensée et payé et partant claime quitte, sen douaire jamais avoir ly peult tant vendist elle labout et l'escange dont, s'elle le vendoit, il apert bien quelle a eu son escange et recompenssement quant elle en a goy.

Art. 109 : Li secons est que, se elle renonche pour son ordinaire, chest par lettres de l'official ; se elle les donne et quelle est eu convent que jamais, en temps advenir, droit de douaire elle ne demandera en le vente du fief que ses maris a fait et ara eu convent par se foy ad che tenir, or est voirs que tant y ait elle renouchiet par ceste manière, s'elle apert, après le trespas de son mary, en court de seigneur et faiche ajourner chely qui l'acat ara fait dudit fief à son mary et die au seigneur : je vous requiers, comme au souverain, que men douaire vous me faichies avoir et partir et bonner au fief que mes maris vendi à tes que vees là ; li sires le fera mettre et en joyra, tout débat elle que avoir ne le doit mie par le renonciation où elle s'est mise, car elle peult maintenir et dire que che est quelle eu fist che fu par cremeur et de doubte que ses maris l'en fesist mal ; dont li acateur le peult bien contraindre par escumeniement et se, il poroit faire ajourner en le court du roy, s'elle estoit couchans et levans eu sa prévosté ou en se domaine et requerre quelle fust mise hors de douaire comme celle qui avoit renonchiet, li prevost l'en ostera tantost pour se foy quelle y ara mise et encore se denier ou loyer s'en estoit ou fussent bailliet et quelle l'eiust cult et que, pour che qu'elle y eust renouchiet, jamais n'y poroit avoir douaire par droit.

Art. 110. Le tierce cose, si est se ledite femme a renonchiet au droit de wellepier (velléien), car che est li secons et li droits que droit de douaire leur fait avoir, dont il aper par ces iij petits vers :

Casibus in seuis mulier *spondente* tenetur
Pro *librante quod dare* renonciet
Et si decipiant precium *cupiat, amat* que secundo.

Nous n'aurions garde d'oublier que quatre coutumes locales admettent l'existence du douaire réciproque : *une femme*, dit la Coutume de Ham-en-Artois, *pour droit de douaire, goot et possesse sa vie durant de la moittié des fiefz et pareillement de la moittié des cotteries et le mary a droit de douaire que l'on dist* LINOTTE *sur les héritages cottiers de sa femme desquelz il possesse de la moittié sa vie durant ;* il est vrai qu'ici le mari ne jouit que de la moitié des biens roturiers de sa femme.

A Bredenarde (1), au contraire, les époux ont des droits égaux ; le survivant a la jouissance de la moitié des fiefs et des cotteries du prédécédé, mais comme ni l'un ni l'autre des deux conjoints n'a la saisine, l'envoi en possession doit être requis.

Enfin au Pays de l'Angle (2) le survivant de l'homme ou de la femme jouit également du douaire sur tous les biens de son conjoint prédécédé : *Item, l'homme a douaire, sa vye durant, sur les fiefz et terres cottières délaissiés par le trepas de sa femme ; et pareillement la femme sur les fiefz et terres cottières délaissiez par son mary et le tout pour la moitié d'icelles* (art. 21).

N'y a-t-il pas une ressemblance complète entre ce douaire reconnu aux deux époux par la coutume locale et l'usufruit légal accordé près de quatre cents ans plus tard, au conjoint survivant par la loi du 9 mars 1891, insérée dans notre Code civil ?

Il est même étonnant que les signataires de la Coutume de Croisettes-en-Ternois (3) aient cru devoir protester contre l'établissement de l'usufruit accordé au mari survivant, en traitant cette disposition d' « impertinente ».

(1) BREDENARDE a formé plusieurs villages, canton d'Audruick (P.-de-C.).

(2) PAYS-DE-L'ANGLE, ainsi nommé à cause du voisinage de Calais occupé par les Anglais.

(3) CROISETTES, arrondissement de St-Pol (P.-de-C.).

III. L'Entravestissement et le Don mutuel.

L'Entravestissement était une sorte de gain de survie entre époux ; il était en usage dans quelques pays coutumiers du nord de la France.

Dans le ressort du Bailliage d'Amiens, on ne le rencontre guère que dans les prévôtés de Beauquesne et de Montreuil.

Il y avait deux sortes d'entravestissement : l'entravestissement *par sang* qui était légal, coutumier, et avait lieu entre conjoints communs en biens, ayant ou ayant-eu un ou plusieurs enfants : à la mort de l'un des époux, le survivant jouissait de l'usufruit de tous les meubles et héritages du prédécédé, si les enfants étaient encore en vie ; s'ils étaient morts, il acquerrait la pleine propriété de ces mêmes biens.

L'entravestissement *par lettres*, au contraire, avait lieu, soit entre époux n'ayant pas eu d'enfants, soit parce que la coutume ne reconnaissait pas l'entravestissement par sang : il était conventionnel et n'avait d'autre motif que l'amour mutuel.

Les dispositions de la Coutume de l'échevinage d'Arras peuvent être considérées comme les plus typiques ; c'est ainsi que s'exprime l'article 2 : « Se lesdits conjoingz ont « enffans de leur mariage, posé qu'ilz décèdent auparavant « le trespas du premier morant desdits conjoingz, en ce cas, « les mœubles et héritages délaissiez par le dit trespas, « appartiennent au seurvivant des conjoingz entièrement à « charge des debtes. »

« Si lesdits enffans sont vivans au trespas du premier

« morant..... le survivant....., quant aux héritages, il en est
« usufructuaire, meisme propriétaire ou cas que lesdits
« enfans terminassent vye par mort auparavant ledit dernier
« vivant. »

L'entravestissement *par lettres* produisait les mêmes
effets que l'entravestissement *par sang* : il devait être passé
devant deux échevins au moins (1). Une formule encore très
en usage de nos jours dans le département du Pas-de-Calais
et même dans l'arrondissement de Doullens (Somme), était
employée dans le langage courant pour désigner la convention intervenue : *au dernier vivant tout tenant*, disait-on
habituellement.

Les fiefs ne sont pas frappés d'entravestissement *par
sang*, mais seulement les biens d'échevinage ou les héritages
cottiers, dit l'article 22 de la Coutume de Wancourt et
Guemapes (2).

Aussi l'entravestissement est-il une institution éminem-
ment bourgeoise ; cependant quelques coutumes seigneu-
riales en font mention : l'article 1 de la Coutume de
Souverain-Bruay (3) explique même d'une façon très claire
le jeu de l'entravestissement *par sang* : « Tous les héritages
« tenus à rente d'icelle seignourie, quand ilz sont possessés
« et appartiennent à deux conjoingz par mariage, demeurans
« audit lieu, soit à tiltre de succession et patrimoisne ou
« tiltre d'acqueste et s'il avient que lun desditz conjoingz va
« de vie trespas, aiant eult enffans ou enffant de leur mariage
« audit Bruay, en ce cas, C'EST AU DERNIER VIVANT TOUT
« TENANT..... »

Il serait fastidieux de reproduire ici tous les textes, qui,
dans la masse énorme des Coutumes locales, parlent de
l'entravestissement ; nous nous contenterons d'indiquer ici

---

(1) *Art. 8* de la Coutume d'Arras. — Entravestissement par lettres se fait,
par amour mutuel, entre deux conjoingz qui se recongnoist et passe par
devant deux eschevins du mains ; lequel entravestissement, quant aux biens
mobiliers, sortist pareille nature que ledit entravestissement de sang ; mais
quant aux héritages il n'a lieu sinon où il est passé.

(2) WANCOURT ET GUEMAPPES, canton de Croisilles (P.-de-C.).

(3) SOUVERAIN-BRUAY, aujourd'hui Bruay, canton d'Houdain (P.-de-C.).

les principaux usages locaux et les références les plus importantes (1).

L'entravestissement *par lettres* diffère du don mutuel en ce que le survivant entravesti n'est pas, en général, tenu de fournir caution et qu'il ne doit pas payer les dettes sur les objets compris dans l'entravestissement.

De plus, il faut voir dans cette institution une grave dérogation aux règles de la coutume générale du bailliage, qui prohibe formellement le don mutuel entre époux, sauf par testament, alors que l'entravestissement *par lettres* n'est qu'une forme particulière et irrévocable de donation entre conjoints.

Vu *par le Président de la Thèse,*

Ch. LEFEBVRE.

Vu : *le Doyen,*

GLASSON.

Vu et permis d'imprimer :

Le Vice-Recteur de l'Académie de Paris,

LIARD.

(1) Houdain, chef-lieu de canton (P.-de-C.). — Art. 38 de la Coutume de l'Echevinage.

St-Pry-lès-Béthune (temporel du prieuré de) (P.-de-C.). — Art. 8 de la Coutume.

Epinoy (P.-de-C.), Carvin, chef-lieu de canton (P.-de-C.). — Art. 24.

Pays-de-l'Allœu (temporel de l'abbaye de St-Vaast d'Arras), arrondissement de Béthune (P.-de-C.). — Art, 8 de la Coutume.

PIÈCES JUSTIFICATIVES ANNEXÉES

CHARTE de Raoul, comte d'Amiens.

1069

Quoniam ego, Rodulfus, divina clementia Ambianensis comes, secularis dignitatis gloriam sectando, multa me noveram sarcina pregravatum, disposui ecclesie sancte Dei genitricis Marie et beatissimi martiris Firmini fratribusque ibi constitutis, quedam ex his que mei juris erant tradere, ut, interventu illorum, peccatorum meorum indulgentiam valerem obtinere. Siquidem ex multis que possidebam visum est episcopo Guidoni utillimum potestatem, quam vicecomites in terris predictorum fratrum exercebant relaxare. Ipsius deprecatione et gratia, illis perpetuo jure habere concessi quicquid hujusmodi, ad Conteiense castellum pertinens, ego et milites totius Conteiensis honoris ubique terrarum seu villarum illorum obtinebamus. Et ut donationis hujus concessio firma et insolubilis perseveraret, Symon filius meus et Gualterus, Gualteri Tirelli natus, ultroneum assensum huic scripto prebuerunt, atque memorati milites, idem laudando, equi pollentia beneficia pro amissis, me tribuente, alias susceperunt.

Hac autem cartula, *mea manu, atque uxoris mee Anne*, necnon Symonis filii mei, et antedicti Gualteri, super altare beate Marie, sicut prescripta ratio perhibet imposita, Guido presul omnes anathematisavit qui ab aliqua invasione quod ecclesie donavimus conati fuerint repetere.

Nomina vero clericorum et laicorum qui presentes huic facto extiterunt, precepimus ad ultimum subscribere ; Robertus archidiaconus. Balduinus archidiaconus et prepositus, Guido decanus ; Guonfridus cancellarius ; Salomon, Berengerius, Drogo, sacerdotes ; Rodulphus, comes, *Anna uxor ejus ;* Gualterus Tirelli filius ; Symon comitis filius Gualterus, Guarefridus, Hugo, Robertus, Rorico, Robertus, Odo, diaconi ; Robertus, Guido, Rogerus, Guasselinus, Urfio, Alulfus, Arnulfus, Adelelmus, Milo parisiensis, subdiaconi ; Rorico, Fulco,

Robertus, Gualterus, Andreas, Firminus, acoliti. Laici : Drogo bovensis, Robertus ejus filius, Oilardus miles ipsius, Infridus Incrensis, Gamelo, Hugo, Robertus sui milites ; Drogo Turrensis, Adelelmus filius ejus, Guermundus frater vicedomini, Radulphus pincerna episcopi, Atrardus dapifer comitis, Milo cognomine Orphanus, Rorico, Anscherus, Ingelranus, Hugo Abbatisville, milites : præterea non parva multitudo tam clericorum quam laicorum. Actum Ambianis, in basilica beate Marie semper Virginis, anno incarnationis Christi millesimo sexagesimo nono indictione septima rege Francorum Philippo, Guidone Ambianorum episcopo, Radulpho filioque ejus Simone comitibus.

Arch. du départ. de la Somme, Cartulaire du chap. de Notre-Dame d'Amiens, n° 1, f° 91, 1°.

DONATION de trois muids de froment par an au monastère de Saint-Denis d'Amiens, par Gérard de Daours, d'accord avec Béatrice, son épouse.

1148

In nomine Patris et Filii et Spiritus Sancti, Amen. Ego Theodericus, Dei gratia Ambianensium episcopus tam presentibus quam futuris in Christo fidelibus in perpetuum. Quoniam rerum notitia a memoria hominum per temporum intervalla plerumque dilabitur, res in presenti gesta ad tenendam ipsius memoriam litteris assignatur.

Noverint igitur tam presentes quam futuri quod Gerardus de Durs, vir illustris, in extremis positus, *concedente sua uxore Beatrice*, Renaldo etiam de Domno Medardo avunculo ejus presente et laudante, tres modios frumenti de redditu molendinorum de Durs singulis annis recipiendos monasterio beati Dionisii in prato Ambianensi in perpetuum donavit.

Porro tam Gerardus quam uxor ejus de providenda diuturnitate elemosine sue multum solliciti ordinaverunt quod predictum monasterium tres sextarios frumenti de redditu molendinorum de Durs singulis mensibus recipiat. Ut ejusdem elemosine sue largitio statum firmiorem in posterum obtineat. Nos igitur super dono hujus elemosine in presentia nostra recognite ad munimentum pretaxati monasterii beati Dionisii scriptum istud facimus et sigillo nostro communimus et ne ab aliquo res ista extraordinarie minutetur vel minuatur sub anathemate interdicimus. Hujus rei testes sunt hi : Radulfus decanus, Guarinus prepositus,

Radulfus et Symon, archidiaconi, Fulco cantor, Achardus, Rogerus, presbiteri, Radulfus, Dodomanus, diaconi, Guermondus, Theobaldus, subdiaconi, Rainaldus de Domno Medardo, Radulfus Delfins, Ursio prepositus de Corbeia. — Ego Symon cancellarius subscripsi et relegi. — Data per manum Roberti notarii, actum anno Incarnationis M° C° XL° VIII°.

(Traces de sceau).

Archives du département de la Somme. — Collège d'Amiens D. 46, liasse. — Biens du prieuré de Saint-Denis.

Jean Ier, comte de Ponthieu, et Guy, son frère, confirment, pendant leur séjour à Saint-Riquier, une DONATION DE BIENS à la Vicogne, que Gérard de Picquigny, vidame d'Amiens, Goscelin d'Orville et autres avaient faite à l'abbaye de Saint-Jean d'Amiens ; Ida, comtesse de Ponthieu, ratifie cette donation parce que la Vicogne est comprise dans son douaire et lui a été donnée par son mari le jour de ses noces.

1155

† Ego Johannes, Pontivi comes, et ego Guido, ecclesie Sancti Johannis Baptiste de Ambianis, pari devotione et pari consensu, pro anima patris nostri Guidonis, elemosinam concedimus quam Gerardus de Pinconio vicedomiuus et filii ejus, Goscelinus de Aurivilla et filii ejus, Robertus vicecomes et filii ejus, Robertus filius Hyberti et filii ejus, eidem ecclesie dedisse in Viconia videntur et quam elemosinam pater noster Guido longo tempore antequam moreretur, pro anima sua predicte ecclesie concessisse agnoscitur. Sed ut hec elemosina firma et stabilis in perpetuum existat, paterno sigillo munimus, quia nondum proprium sigillum habemus. Ego Ida, mater Johannis et Guidonis et Pontivi comitissa, hanc concessionem quam filii mei pro anima patris sui ecclesie Sancti Johannis Ambianis faciunt, multum laudo et quantum ad me attinet ipsam quoque elemosinam prefate ecclesie pro anima comitis Guidonis, domini mei, sponsi mei, benigne concedo, et ad eam eonfirmandam huic carte sigillum meum appono, quoniam tota Viconia de dote est quam dedit mihi in die desponsationis mee Guido comes. Dominum autem nostrum Theudericum, Ambianensem episcopum, ego et scripti filii mei humiliter deprecamur, ut cum viderit hanc paginam nostris sigillis munitam imaginem sui sigilli illi imponere non dedignetur. Actum est hoc anno Incarnati Verbi M° C° LV° apud sanctum

Ricarium, in domo Hugonis filii Hediardis. Huic autem concessioni
interfuerunt : Petrus abbas de Sancto Ricario, Walterus de Vaus monachus, Arnulfus monachus..... sacerdotes et canonici..... Hinulfus (?)
conversus..... Walterus senior. Willelmus .... Wermundus de....,
curia, Bertrandus de Noviomo, Hunarus filius Huberti (?) Henricus de
Caumont..... Burgenses. Hugo filius Heldiardis. Henricus de Vincenof,
Johannes de Milebu..... Petrus..... Burens (?), Harulfus cantor. Hugo
Sotefarine.

Orig. parch. lacs de soie rouge et verte. V. DE BEAUVILLÉ : Documents inédits concernant la Picardie, t. II p. 5.

DONATION faite par Philippe d'Alsace, comte d'Amiens, du consentement de sa femme Isabelle, à l'Abbaye de Saint-Jean-lez-Amiens.

1161

Ego Philippus, Dei gratia dominus et comes Ambianis, ea que
Ecclesie Sancti Johannis Ambianensis et fratribus inibi Domino ser-
vientibus, assensu Isabel uxoris mee, concedo, ad posterorum pre-
sentium notitiam conscribi facio, et ut in perpetuum rata sint,
sigilli mei impressione confirmo. Hec igitur sunt que, pro animabus et
meorum antecessorum et uxoris mee, ecclesie Sancti Johannis in per-
petuam elemosinam dono et sub mea heredumque meorum protectione
et advocatia constituo, universa videlicet ad eamdem ecclesiam peni-
tentia, in quibus hec propriis duximus exprimenda vocabulis : vallem
Guidonis, vallem domorum, curtem de Septemvilla, curtem de Savieres,
curtem de Ollaineta, curtem de Bertricort, curtem de Marchel cum suis
decimis, molendinum quod fratres habent super Seilam et curtem ejusdem
molendini, abbatiam liberam cum suis clausuris, cursum Scile per
abbatiam et ejusdem aqueductum ad eorum usus necessarios, cam-
munia prefate civitatis pascua, areas abbatie et suorum arationes com-
porum et quicquid preterea predicta ecclesia possidet, bonam etiam
pacem et meum auxilium. Ut ugitur ea que concedo prefate ecclesi
fratribus firma permaneant, majoribus totique communie Ambianis
ceterisque meis hominibus mando et precipio quatinus ejusdem ecclesie
res in pace custodiant et eidem ecclesie in suis perturbationibus loco
meo patrocinari non desistant. Actum est hoc anno Incarnationis
Domini M° C° LX° I°, hiis presentibus : Theoderico comite flandrensi,
Rogero de Vavin, Rogero castellano de Corterai, Johanne de Voaescort;

Gaufrido de Hamelanescort, Eustachio de Greminis, Ostone de Balluel, Gerardo de Stambeche ; Henrico de Morselles ; Hugone de Mainbehe ; Theoderico fratre comitis ; magistro Guilelmo de Comminis ; Willelmo clerico cancellarii, Balduino de Noiele.

Ego etiam Isabels, Philippi comitis uxor et comitissa Ambianensis, hanc concessionem et eleemosinam domini mei Philippi laudo et pro animabus antecessorum meorum, ecclesie Santi Johannis concedo et prefatas ecclesie possessiones in meam heredumque meorum advocatiam et protectionem suscipiens, eas auctoritate mea munio et sigilli mei impressione confirmo. Actum est hoc et concessum, hiis presentibus : Guillelmo Castellano de Sancto Andimaro ; Gaufrido de Hamelanecort, Eustachio de Geminis, Ostone de Bailluel, Henrico de Morseles, Guillelmo clerico de Cominis, Guillermo clerico de Ripa.

Cartulaire de Saint-Jean-lez-Amiens, col. 70, 71, 72.

Hugues de Beauquesne, official d'Amiens, investit Geoffroy, maître de l'hôpital de Boves, d'un héritage à Saint-Gentien, vendu à l'hôpital, par Robert de Lessau et Julienne, sa femme ; comme le DOUAIRE de Julienne reposait sur cet héritage, Robert lui affecte en compensation six journaux de terre au camp du Chêne et huit journaux à la vallée de Calemont.

AVRIL 1231

Magister Hugo de Bella Quercu, canonicus et officialis Ambianensis, omnibus presentes litteras inspecturis, in Domino Salutem.

Noverit universitas vestra quod Robertus, filius Lessendis et Juliana, ejus uxor, in nostra constituti presentia, recognoverunt se vendidisse hospitalarie de Bova quoddam curtillum situm extra Bovam, supra Sanctum Gentianum, pro sex libris parisiensium sibi numeratis.

E contra vero Juliana que in dicto curtillo dotalicium habere dicebatur, coram nobis recognoscens et fide firmans quod huic venditioni, spontanea non coacta, prebebat assensum, et quod de dicto Roberto, marito suo, sufficiens et sibi gratum recepit excambium, videlicet quatuordecim jornalia terre site in territorio de Bova in duabus peciis, videlicet ad campum de Quercu sex jornalia et ad vallem de Calemont octo jornalia terre, dictum dotalicium ad opus dicte hospitalarie in manu nostra spontanee resignavit ; promittentes juramento prestito,

quod tam ipsa quam dictus Robertus, maritus ejus, quod in dicto curtillo vendito aliquid de cetero non reclamarent contra dictam hos-
pitalariam super eo per se, vel per alium aliquem molestarent. Nos
vero de dicto dotalicio in manu nostra resignato, prout superius est
expressum, Gaufridum tunc magistrum ejusdem hospitalarie, loco
investimus hospitalarie ante dicte. In cujus rei testimonium presentes
litteras confici fecimus et sigillo curie Ambianensis roboravi. Actum
anno Domini M° CC° tricesimo primo, mense aprilis.

Origin. parchemin. — *Extrait des « Documents inédits concernant la
Picardie », publiés par* V. DE BEAUVILLÉ, d'après les titres originaux conservés dans son cabinet, t. III p. 3.

VENTE, par Firmin Buhes, du DOUAIRE de sa femme.

1231

Magister Hugo de Bella Quercu, canonicus et officialis Ambianensis,
universis presentes litteras inspecturis salutem in Domino. Noverit universitas vestra quod cum Firminus Buhes et Maria, uxor ejus, tenementum suum quod habebant situm juxta furnum Sancti Michaelis,
magistro Hugoni de Curtilis, canonico Ambianensi, pro decem et
novem lib. p. vendidissent et postmodum Radulfus major et Radulfus
minor, filii dictorum Firmini et Marie, dicte venditioni se opponerent..... tandem, post multas altercationes, dicti Firminus et Maria et
filii eorum..... venditioni facte dicto magistro Hugoni de dicto tenemento suum coram nobis benigne prebuerunt assensum, omnes pariter
promittentes, sub sui jurisjurandi religione, quod nichil de cetero in
dicto tenemento reclamabunt, nec dictum magistrum Hugonem per se
vel per alium super eodem tenemento aliquatenus molestabunt, sed
garandizabunt pro posse suo dictum tenementum dicto magistro......
Maria vero, uxor dicti Firmini que in dicto tenemento affirmabat se
dotalicium habere, dotalicium suum, ad opus magistri predicti in manu
nostra libere resignavit..... recipiens a marito suo sufficiens excambium, videlicet domos suas sitas in vico qui dicitur Mansus episcopi..... et quia ecclesia Sancti Martini ad Gemellos Ambianensis. ...
tres s. censuales et tres capones censuales similiter a dicto tenemento
exigebat, dictus Firminus de consensu Marie uxoris sue et filiorum
suorum dictos. ... censuales dicte ecclesie super tenemento suo sito in
Manso episcopi promisit se annuatim redditurum.

Septembre 1231. — *Orig. parch.* — *Archiv. du départ. de la Somme.
Chapitre de la Cathédrale d'Amiens, G. 1100, sceau intact.*

VENTE par Wulfran, dit Mulet, et Adam, son épouse, à l'abbaye d'Epagne, de neuf journaux de terre, moyennant quarante-six livres parisis. Les époux renoncent au Velléien, à la *restitutio in integrum,* **etc...**

JUIN 1265

Viro venerabili ac discreto officiali Ambianensi, magister R. decanus christianitatis Abbatisville, salutem et debitam obedientiam, Vestre significamus discrecioni, quod nos ad mandatum vestrum conventiones habitas inter Wulfrannum dictum Mulet, et Adam, ejus uxorem, ex una parte, abbatissam et conventum de Hispania, ex altera, loco vestri audivimus, quod Vulfrannus et ejus uxor, in nostra constituti presentia, recognoverunt se vendidisse hereditarie, nimia urgente necessitate, pro quadraginta sex libris parisiensibus sibi persolutis, novem jornalia terre, parum plus vel parum minus, site in territorio de Hispania in una pechia juxta terram que quondam fuit Guidonis de Hispania et terra que fuit Walteri de Auluin et de eadem terra vendita dictas abbatissam et conventum per dominum fundi de quo teneretur, per duos solidos parisienses de annuo redditu reddendos in quolibet Natali Domini fecerunt saisiri et investiri. Et promiserunt dicti W(alterus) et A(dam) ejus uxor, ex parte cujus proveniebat dicta terra, sibi in maritagium cum W(altero) marito suo collata a Bernardo dicto Marcel, patre suo, sub juramentis suis corporaliter prestitis quod contra hujusmodi vendicionem de cetero non venient, nec dictas abbatissam et conventum nomine hereditatis, victus, vestitus aut alio quocumque nomine super predictis ullatenus molestabunt, nec per se aut per alios molestari procurabunt ; immo adversus omnes juri et legi parere volentes ad usus et consuetudines patrie, dictis abbatisse et conventui et earum successoribus super predictis debitam garandiam, exhibebunt. Et promiserunt sub dictis juramentis dicti W(alterus) et A(dam) quod dictam venditionem eorum heredi, cum venerit ad etatem legitimam, concedere facient. Et ad hoc faciendum se obligavit Bernardus memoratus. Et renuntiaverunt expresse omnibus privilegiis per se indultis et indulgendis, exceptioni non numerate pecunie, auxilio legis Velleiane, beneficio restitutionis in integrum et omnibus rationibus juris et facti que contra presentes litteras, in prejudicium et gravamen dictarum abbatisse et conventus, obici possent seu proponi. Datum in crastino Nativitatis Beati Johannis Baptiste anno Domini Mº CCº LXº quinto.

Origin. parchemin. — V. DE BEAUVILLÉ, t. II, p. 43.

Pierre de Rouveroy et Jehanne, sa femme, vendent à l'abbaye du Gard le fief de Rouveroy, moyennant cent livres parisis ; les religieux devront employer les revenus de ce fief à faire travailer à la porte de l'Abbaye.

JUILLET 1289

Universis presentes litteras inspecturis, officialis Ambianensis, in Domino salutem. Noveritis quod coram nobis personaliter constituti Petrus dictus de Rouveroy et domicella Johanna, ejus uxor, recognoverunt se, nimia necessitate evidenter ad id agendum eos urgente, bene et legittime hereditarie in perpetuum, ac in manu nostra vendidisse et nomine venditionis concessisse viris religiosis abbati et conventui monasterii Beate Marie de Gardo (1), Cisterciensis ordinis, Ambianensis diocesis, ad opus porte dicti loci, pro centum libris parisiensium, sibi a dictis religiosis ad plenum solutis in legali pecunia bene numerata donno Johanne de Bellaquercu, dicto de Sancto Acheolo, ad presens portario de Gardo, predicto hujusmodi contractum procurante et laborante, sicut ipsi conjuges asseruerunt coram nobis, totum feodum de Rouveroy ubicunque se extendebat et in quibuscunque consistat tam in censibus, redditibus, terris arabilibus, pratis, homagiis, quam rebus aliis quibuscunque cum omnibus juribus et justiciis ad ipsum feodum spectantibus et pertinentibus quoquo modo. Et dictus Petrus, eidem domicelle Johanne, uxori sue, que in dicto feodo posset dotalicium reclamare, dedit et concessit coram nobis, in excambium dicti dotalicii sui, quinquaginta libras parisienses de pecunia venditionis supradicte. Quod excambium ipsa domicella Johanna gratanter accepit, juramento suo firmans illud esse sufficiens ; dictum dotalitium in manu nostra ad opus dictorum religiosorum et porte predicte spontanea resignavit et eisdem penitus quictavit coram nobis amicabiliter et benigne. Et promiserunt tam dictus Petrus quam ipsa domicella Johanna, ejus uxor, juramentis ab ipsis coram nobis corporaliter prestitis, quod contra hujusmodi venditionem et premissa, prout superius sunt expressa, non venient in futurum, nec dictos religiosos, eorum successores, seu aliquem ex parte ipsorum super dictam venditionem nomine hereditatis, dotalicii, victus, acquestus, elemosine assignamenti, aut aliquo alio nomime, titulo sive modo, seu aliqua alia ratione aliquatenus decetero molestabunt, nec per alium molestarie procurabunt in foro ecclesiastico vel seculari, nec in dicto feodo et ejus pertinentiis aliquid in poste-

_____

(1) Le Gard, annexe de Crouy, près Picquigny (Somme) ; abbaye d'hommes, ordre de Citeaux, reconstruite au XVIII° siècle.

rum reclamabunt. Sed dictum feodum cum pertinentiis ejusdem. predictis religiosis et eorum successoribus et mandato, adversus omnes juri et legi parere volentes, ad usus et consuetudines patrie, bona fide garantizabunt per omnium bonorum suorum exposicionem. Renuntiantes specialiter et expresse quantum ad premissa, sub prestitorum (*sic*) religiosorum juramento, omni auxilio juris canonici et civilis, exceptioni fori, doli, mali, non numerate pecunie, non solute, omni lesioni et deceptioni ultra medietatem justi precii et omnibus aliis exceptionibus juris et facti que eisdem et eorum heredibus possent prodesse, dictisque religiosis vel eorum successoribus, aut mandato abesse et que contra hoc instrumentum possent obici vel proponi. In cujus rei testimonium presentes litteras confici fecimus et sigillo curie Ambianensis roborari. Actum anno Domini M° CC° octogesimo nono die sabbati post festum Beati Martini estivalis.

Orig. parch. — V. DE BEAUVILLÉ. — *Documents inédits concernant la Picardie*, t. II p. 54.

TESTAMENT de Jeanne, reine de Castille et de Léon, comtesse de Ponthieu, de Montreuil et d'Aumale.

19 JUIN 1276

El non du Père et du fill et du Saint-Esprit. *Amen.* Jou, Jehane, par la grâce de Dieu, royne de Castele et de Lyon, contesse de Ponthieu, de Monsteruel, et d'Aubemalle en men bon sens et de me bone volenté, par l'assentement de mon segneur Jehan de Neele, conte de Ponthieu et des lieus devant dis, men baron, et par le consel de bones gens, et pour le pourfit de mame, fas et ordenne men testament ; et vuelg ke tout chil ke jou ai fais devant chestui soient nul et les rapel et vuel ke chist soient tenu. Premierement, je lais trois cens livres de parisis pour amender mes torfais a chaus ki porroient prouver dedens 1 an apres men deces par bons tesmoignages ke je aie eu le leur par male raison..... Et se li torfait ne les levees des hyretages montoient a plus des CCC livres, je vuelg ke tout soit plainement rendu du mien avec les CCC devant dites ; et se li torfait ne les levees des hyretages ne montoient duskes as CCC livres, tous li remanans soit departis as povres dabevile et de le tere de Ponthieu par le main de mes executeurs, si comme il leur plaira miex pour le pourfit de mame. Et après, je lais quatre chens livres de parisis a prendre seur me partie de mes juiaus, pour acater quarante livres de rente a hyretage, en lequele rente li

frere menu dabevile aront chascun an X livres de parisis pour dras
acater pour leurs vesteures et li remanans de chele rente iert convertis
en acater vesteures et cauchementes a donner chascun an pour Dieu as
povres, pour mame ; che est a savoir toute le moitie dedens Abevile, as
povres de le vile, et lautre moitie a Waben, a Rue, au Crotoy, a Cresci
et a Araines, autant a lune de ches viles comme a lautre, lesqueles choses soient departies chascun an bien et loialment par les maieurs et par
les eskevins de ches mesme viles et i soient apele li prestre parochial
de ches viles devant dites Et se me partie de mes juiaus valoit plus
ke les CCCC livres devant dites, je vuelg ke tous li remanans
soit departis pour mame as povres des lieus devant dis, en le maniere deseure dite..... Je lais quarante livrees de rente au parisi
a hyretage a prendre chascun an a me viconte dabevile, as termes de le
dite viconte, desqueles XL livrees de rente il ara converti chascun
an XXX livres de parisis en acater chascun an vesteures et cauchementes pour departir es viles devant dites, en le maniere deseure dite,
et par les departeurs devant assignes, et li X livre ki demeurent seront
converti as freres menus dabevile, en le maniere par deseure dite.....
De requief, je lais a Jehan de Ponthieu, men neveu, et a ses hoirs sil
les avoit de son propre cors, et a tous jours hyretablement, apres le
deces mon segneur, toutes mes aquestes ke je fis avant chou ke mes
sires devant dis mespousast et toute me partie des aquestes ke nous
avons fait et ferons ensamble entre moi et mon seigneur durant nostre
mariage, apres le deces mon seigneur. Et vuelg ke li devant dis Jehans,
mes nies, et si hoir, sil les a de seu propre cors aient toute le haute
justiche en toute le tere kil tienent de moi et tenront de men hoir et ke
il aient tous les hommages des hommes liges ki sont et seront manant
es viles kil tienent de moi et tenront de men hoir. Et sil avenoit, ke
Diex ne vuelle, ke de Jehan defausit sans avoir hoir de sen cors, je
vuelg ke tous chis lais ke je li ai chi deseure fait reviegne a loir de
Ponthieu et nient alleurs.

(Suivent environ 70 dispositions envers différents monastères et à
plusieurs serviteurs : sénéchal, messager, aumônier, garçon de cui-
sine, etc....., variant entre XXX livres et X sols).

Apres toutes ches choses devisees, je vuel et ordenne que mi execu-
teur pregnent pour paiier plainement men testament seur toutes les
ventes de le forest de Cresci si ke mes testamens soit tous entierement
paiiés au plus tard dedens 11 ans apres men deches..... Ai jou esleus et
nommes mes executeurs, che est a savoir leveske damiens, qui kil soit,
monsegneur Jehan de Neele, conte devant dit, men baron, labe de
Foresmontier, qui qil soit, le gardien des freres menus dabeville, qui
qil soit, monsegneur Jehan de Wailli, senescal de Pontieu, et labe de

Saint-Giosse, qui qil soit. Vendredi avant la nativité de Saint-Jehan
Baptiste. (19 Juin 1276).

*Archives du Département de la Somme, Evêché d'Amiens G. 359, 2 pièces
parchemin, sceau de Jean de Nesle, comte de Ponthieu, 75 mill. cire verte
sur double queue de parchemin ; type équestre, heaume plat, housse fascée à
la bande sur le tout; leg. S. IOH ; contre sceau : circul. de 35 millim ; écu
a quatre fasces, à la bande sur le tout ; leg. : SECRET IOHIS COM PONT.
Traces de six autres sceaux.*

« **Lettre de baillie par lequel Pierres Pie de Leu et Jehane se**
« **feme fille jadis Pierres de Canaples, Jehane fille Grigore**
« **de Canaples et Jehan Darras, comme curerres de Jehane de**
« **Canaples non aagié, vendirent a le vile le maison des Clo-**
« **kiers** ».

1316

A tous chiaux ki ches presentes lettres verront ou orront, Symons
de Billy chevaliers, bailleus d'Amiens, salut.

Sachent tout ke par devant Jehan du Quarrel et Fermin de Tournay,
chitoiens d'Amiens mis et estaulis de par nous a che oïr, vinrent :
Pierre Pié de Leu, Jehane se feme, fille jadis Pierre de Canaples, chitoien d'Amiens, Jehane de Canaples, fille jadis Grigore de Canaples et
Jehan Darras, chitoiens d'Amiens, donnes curerres souffisamment de
Jehane le Monnier, fille jadis dudit Grigore non aagié, par l'acort et
l'assentement de Estcule le Monnier, Pierron de Faukembergue, Mile
Rami (?), Jehan Dippre, Pierron Duras, Jehan le Normant, fil jadis
Robert le Normant, Méhaud de Cauventre et Anne de Cauventre, mère
des dites Jehane et Jehane de Canaples, amis carneus, de par père et
de par mère de le dite Jehane non aagié et reconnurent par devant aus
ke par juste pris et loial vente pour leur grand pourfit apparent de leur
gré, de leur volenté et sans nule contraincte , il ont vendu très oren-
droit, bien, loialement, hyrétaulement, a tous jours perpetuelment et
cascuns pour le tout ke a li peut appartenir,

Au maieur et as eskevins de le chité d'Amiens au pourfit d'aus et de
toute le communité de le dite chité,

Une Maison ke on dit le maison as Clokiers et toutes les appendanches de chele maison ainsi comme ele se comporte en tous costés
devant et derrière, dessous et desseure de longeur et de laeur. Lequels
maison vendue siet a Amiens ou markié as Frommaches entre le

maison desdis Pierron Pié de Leu, Jehane se feme et lesdites Jehane et Jehane, filles jadis dudit Grigore, d'une part et le ruele ki est entre ledite maison vendue et le moustier de Saint-Martin ou Bourt, d'autre part,

Pour chiene chens livres de Paris, ke li dit Pierres Pié de Leu, Jehane se feme, Jehane de Canaples, Jehan Darras comme curerres de le dite Jehane non aagié reconnurent ke li dit maires et eskeuvins pour aus et pour le dite communité leur en avoient baillié et paié en boene seke monnoie coursaule ou royaume de Franche, bien cointée et justement nombrée, de coi il se tiennent plainnement et paié si comme il ont reconnut ; et par quatorze saus parisis et 15 capons ke on doit de chens chacun an au terme de Noël de ledite maison vendue et des appendanches d'ichele.

Si comme le dit vendeur dient as personnes chi après nommées, chest asavoir as hoirs sire Jehan de Saint-Fustien, jadis douze saus parisis et douze capons ; a messire Reignade douze deniers parisis et deux capons, et a Jehan de Boondel (?) douze deniers parisis et un capon. Et est asavoir ke li dit Pierres Pié de Leu et Jehane se feme offrirent cheste vente de tant comme a aus en pooit appartenir, a le dite Jehane de Canaples, l'aisnée et audit cureur ou non de le dite Jehane de Canaples non aagié, comme as plus proismes.

Et le dite Jehane de Canaples laisnée et li dit curerres, ou non de le dite Jehane de Canaples non aagié en retinrent le promeche. Et puis le donèrent au maieur et as eskevins et kemunité dessus dite. Et le dite Jehane de Canaples l'aisnée et li dis curerres ou non de le dite Jehane de Canaples non aagié offrirent cheste vente de tout comme a aus en pooit appartenir, as dis Pierron Pié de Leu et Jehane se feme comme as plus proismes. Et li dit Pierre Pié de Leu et Jehane se feme en retinrent le proismèche. Et puis le donèrent as dessus dit maieur et eskevins et kemunité si comme il ont reconnut.

Et lequele maison et appendanches dichele dessus dite, vendue, li dit Pierre Pié de Leu, Jehane se feme, Jehane de Canaples et Jehans Darras comme curerres de le dite Jehane non aagié, ont eu convent et sont tenu seur aus et seur tout le leur cascuns d'aus de tant comme a li puet et porra appartenir, a delivrer et despéestrer de tous empeeskements, de toutes carkes, de toutes obligations et de tous assènements, a faire tenir aus bien et souffisamment. Et a wairandir du tout a leurs cous bien et loialment, hyretaulement as devant dis maieur, eskevins et kemunité, a leurs successeurs, a tous chiaus ki daus aroient cause ou acheli ki chés lettres aroit encontre toutes personnes comme loel vendeur et pour les ches dessus dis paiant ainsi comme dit est si comme il ont reconnut.

Et ont eu convent loialment, li dit Pierres Pié de Leu, Jehane se femme, Jehane de Canaples et Jehan Darras comme curerres de le dite Jehane non aagié ke jamais contre le vente et les convenanches dessus dites ne ne venront ne en le maison et appendanches dichele dessus dite vendue ne en cose ki en dépende, riens ne demanderont ne demander ne feront pour aus ne pour autruy des ores mais en avant, anchois y renonchent bonement a tous iours si comme il ont reconnut.

Et se li devant dit maire, eskevins et communités, leur successeur ou chil ki daus aroient cause, ou chil ki chés lettres ara y avoient cous ou damaches ou faisoient despens par le deffante de leur warandison ou de leur delivranche coment ke che fust, li dis Pierres Pié de Leu, Jehane se feme, Jehane de Canaples, et Jehans Darras comme curerres de le dite Jehane non aagié leur seroient tenu cascuns de tant comme ali puet et porra monter, a rendre et a restorer plainnement par leurs simples dis ou par le serement de cheli ki chés lettres aroit sans riens dire encontre.

Et a toutes chés coses devant dites et cascune por li fermement tenir et loialment warder ont li dit Pierres Pié de Leu, Jehane se feme, Jehane de Canaples et Jehan Darras comme curerres et el non de ledite Jehane non aagié, obligié et oblige cascun daus de tant comme ali puet appartenir, aus et leurs hoirs et especialment tout leur temporel et tous leurs autres biens muebles, cateux, et hyretages présens et avenir, pour prendre, pour vendre et pour despendre, arrester, saisir, emporter et pour faire justichier pour tout a camp et a vile sans meffait et pour quelconque justiche qui mieus plairoit as dessus dis maieur eskevins et kemunité a leurs successeurs, a chiaus ki daus aroient cause ou au porteur de chés lettres pour remplir plainement toutes les convenenches dessus dites.

Et ont li dis Pierres Pié de Leu, Jehane se feme, Jehane de Canaples et Jehan Darras comme curerres de le dite Jehane non aagié renonchié et renonchent tant comme as coses dessus dites et a toutes fraudes, bares, cavillations, exceptions et dechevanches, a tous previleges de hoirs pris et a prendre, a tous respis et a toutes graces de pape, de roy et de tous autres seigneurs, a toute aide de droit escript et de fait, au droit ki dist general renonciation non valoir, à l'exception de toute le somme de peccune dessus dite non eue et rechue. Et especielment ache ke il puissent dire ou proposer pour aus ou por autruy kil aient este dechut en le vente dessus dite en demi pris ou autrement.

Et généralement a toutes les autres coses, closement et entierement ki aidier ou valoir leur porroient. Et les dessus dis maïeur eskevins et communité, leurs successeurs ou chiaus ki daus aroient cause ou le porteur de chés lettres grever ou nuire. Et toutes chés coses devant dites nous ont tesmoingnié li dit auditeur par leurs seaus. Et nous en leur tesmoingnage avons fait metre le seel de le baillie d'Amiens a chés présentes lettres sauve (?) le droiture le roy et l'autruy en toutes coses.

Che fu fait en l'an del Incarnation Notre Seigneur mil trois chens seze, el mois de Décembre.

Origin. parchemin enluminé. — Archives communales de la ville d'Amiens. Registre aux Chartes, AA 5, folio 30, v°.

CONTRAT DE MARIAGE entre Messire Robert d'Ailly chevalier, seigneur dudit lieu et demoiselle Marguerite de Pecquigny.

1342

A tous chiauls qui ches lettres veuront ou orront, Robert d'Ailly, chevalier, seigneur de chu liu, de Bouberch seur Caanche et de Fontaines seur Somme, salut.

Sachent tout que je doins et ai donné pour Diu et en aumosne et en traite de mariage de my et de demisiele Marguerite de Pinquegny, fille de Monseigneur Robert de Pinquegny, chevalier, ad hoirs qui dudit mariage ysteront, le quint de toute me terre ou que elle soit, en chens, en rentes, en terres vaaignaules, en fours, en molins, en prés, en yaues, en marescages, en pesqueries, en capons, en guelines, en bos, en ventes, relies, aides, en saisines, en dessaisines, en justiche et en seignourie et en toutes autres coses quelles quelles soient comme me terre s'estende et puist estendre.

Chest a savoir : à Ally, à Villers sous Ally, a Bouberch seur Caanche, au Foretel, à Fontaines seur Somme, à Longuet et en autres lieus, se terre y avoie en quelconque cose que le fust ou soit agoir et possesser dudit quint et des revenus d'ychelly ad dis hoirs qui dudit mariage de nous deus ysteront et seroient essu, hyretaulement et a tous jours. Duquel quint et appartenanches d'ychelly et revenues les dits hoirs qui dudit mariage seront yssus, joiront et possesseront hyretaulement comme dit est, tantost après men trépassement et nest mie mententé que les hoirs que dudit mariage ysteront aient et ne puissent avoir quint en mes manoirs ou que il soient, mais je veut que le quint desdits manoirs et des enclos anchiens d'ychauls soit persié et avalue par bonnes gens à hiretages et que mes hoirs soient tenus et paiechent tantost et présentement après men déchiés ad hoirs qui dudit mariage ysteront le valeurs que persié et avalue seront dudit quint et tout au profit des dis hoirs aveuc les coses dessus dites, tant sauf que se par aucune aventure les hoirs dudit mariage de nous deus soient yssu, aloient de vie à trepassement, sans avoir hoir ne de leur char en mariage. je veul que ledit quint, les revenus d'ychelly reviegnent tantost après leur trepas a taule ? et a men droit hoir et encore veul je et accorde que les dits hoirs qui dudit mariage seroient yssu, tantost après men trepas puissent aler querire le saisine dudit quint par devers les seigneurs desquels je tieng me terre et que les dis seigneurs leur baille le saisine dudit quint en tant comme a auls en peut appartenir, sans che que mes hoirs y mèchent ou puissent mettre contredit ne empecquement aucun, en aucune manière a toutes les coses, tenir, remplir, faire venir eus et warandir as dis hoirs contre tous et envers tous, ay je obligié et oblige my et mes hoirs et les biens de mes hoirs et tous mes biens meubles et non menbles, cateux et hyretages présens et avenir en quel lieu que il soient pour prendre, saisir, lever, emporter, vendre, despendre par toutes justiches et sans meffait et pour rendre ad dis hoirs et au porteur de chés lettres tous cous, frés et intérés que il feroient ou aroient eu pour cachier et requerre les coses dessus dites se contredit y estoit, mis par quelconque maniere que che fust et ay renonchie et renonche tant pour my comme pour mes hoirs à toutes dechentes, fraudes, baras, cavillacions a che que je peusse dire que je eusse esté decheus a faire ledit don du quint dessus dit, oultre le moitié de juste prix contre le coustume du pays et en autre maniere, car je suis chertain du contraire.

Et a toutes les coses generalement et especialement que a my et a mes hoirs porroient aidier et valoir contre le teneur dechés présentes lettres et ad hoirs qui dudit mariage seroient yssu ou au porteur de ches lettres grever ou nuire, en témoin de che et que les coses dessus dites soient fermes et estaules et tiegnent en le manière que dit est, j'ay scelé ches presentes lettres de men propre seel qui furent faites le lendemain de le Saint Mahiu, l'an de grâce mil trois cent quarante et deus. 22 sept.

Orig. parch. — Archives du départ. de la Somme. Titres de la famille de Bourbon, Comté d'Artois, Seigneurie de Picquigny, E. 111. Traces de Sceau.

TESTAMENT de Jehan de Saint-Quentin, bourgeois d'Amiens suivi de la vente d'une partie de ses biens par Ysabelle de Blandin, son épouse.

1386-1389

A tous ceuls qui ces presentes lettres verront ou orront : Jehan le Cat ad présens garde du Scel, de le baillie d'Amiens en ladite ville et

prevosté d'icelle : establis pour sceller et confermer les contrats, convenances, marquiés et obligations qui y sont faites et receues, entre
parties, salut.

Sachent tout que par devant Colart Deleporte et Pierre du Maisnil,
auditeurs du roi, mis et establis par mon seigneur le Bailly d'Amiens,
furent asportées, veues, leues et diligemment resgardées les lettres de
testament, ordenance et decreine volenté de feu Jehan de Saint-
Quentin, jadis bourgeois d'Amiens. Sellées du seel du curé de l'église
de Saint Fremin ad le porte en la ville d'Amiens. Sain et entier se
comme par l'inspection dicelluy apparoit, contenant le fourme qui
s'ensieut :

In nomine patris et filii et spiritus sancti. Amen.

Je, Jehan de Saint Quentin, bourgeois en tamps presant demourant
Amiens en le paroice Saint Fremin ou Val en Amiens. En mon bon
sens et boine mémore pourveans au salut de mon âme, fais et ordenne
men testament en le fourme et manière qui chi après s'ensieut. Et rap-
pelle tous autres testamens, lais, ou devis que je porroye avoir fait
devant chestuy. Et veul que chils miens presens testamens soit fermes
et durables jusques ad men rappel.

— Primes : Je lais mon âme à Dieu men créateur, à me dame
Sainte Marie, à tous sains et à toutes saintes. Et men corps à enterier
en le chimentière Dieu et de mon Seigneur Saint-Jehan qu'on dist
l'hostellerie d'Amiens.

— Item. Je lais a ledile hostelerie vingt solds pour le cane de men
enterement.

— Item. Je lais a l'église monsieur Saint Fremin ou Val, men mantel,
me cotehardie et men caperon.

— Item. Je lais au curé dicelle Eglise chiunq sols.

— Item. A messire Willine chinq sols.

— Item. A messire Martin quatre solds.

— Item. Au clerc deux solds.

— Item. Je lais demi annel por le remède de l'ame de moy à faire en
l'église de Saint Fremin ou Val.

— Item. Je lais à Jehan, men fil, dit Fauchonnier, me cote de fer, et
mes wanteles et mes bracheroles et un capel d'achier.

— Item. Je lais a demiselle Ysabel me feme pour Dieu et en
aumosne. tout le surplus de mes biens : meubles, cateuls et acquestes,
et le quint de tous mes hyretages en quelques lieus qu'il soient : pour
Dieu et en aumosne, mes lais, mes debtes et me obseque paiiés.

— Item. Je fais et ellis mes exequteurs de mes feable amis : Est
assavoir Jehan Ravin et demiselle Ysabel me feme. Et leur pri qu'il
veullent emprendre le fait decheste miene presente exqution. Et Nous

ad le prière et requeste dudit suppliant lavons emprins affaire. Et je
ay prié et requis a Messire Jehan de Bouchon men curé qu'il veulle
seeller chest mien présent testament. Et je messire Jehan de Bouchon,
curés de le dite Eglise, laye scellée du seel duquel je use et fait de
ledite cure en confirmation des choses dessus dites : vraies. Et fu fait
presens ledit curé, messire Martin le pinguier, Messire Willine de
Bouchon, Jacques le Waite et Jehan de Saint-Quentin dit Faulconnier
et plusieurs autres. Et fu fait en l'an de grâce mille CCC $_{\text{IIIJ}}^{\text{XX}}$ et VI
le secund jour de Juillet.

Après lequel testament dessus trancript veu et leu comme dit est, vint
et comparut, en se propre personne par devant les dessus dis auditeurs,
demiselle Ysabel de Blandin vesve dudit feu Jehan de Saint Quentin,
laquelle cognut et confessa comme par le teneur du testament dudit feu
Jehan de Saint Quentin jadis sen mary, ychelluy feu son mary luy eust
donné et baillié pour Dieu et en aumosne tout le surplus de ses biens
mœubles, cateuls, acquestes et le quint de tous les hiretages en quelque
lieus quil soient si comme elle disoit.

Que ychelle demiselle Ysabel avoit et a vendu bien loyalment, herita-
blement et a tous jours, aus maieur et echevins de le ville d'Amiens au
pourfit de ledite ville et communauté d'icelle, dix-sept solds six deniers
parisis de chens ou rente perpetueus par an aus termes de le ville
sur le windas de le ville d'Amiens, les appartenances et appendances
apartenans a le ville et communauté d'Amiens. Et lesquels chens
estoient des acquestes de seu dit feu mari que laissies luy avoit par son
dit testament : a prendre, y avoir et recevoir desoremais en avant
perpetuelment chascun an aus dis termes sur ledit windas et les
appartenances par les dessusdis maieur et escevins (sic) ou receveur
des rentes de le dite ville. Et est cheste vente faite pour le somme et
pris de quatorze livres huit sols parisis que ledite demiselle Ysabelle
encongnut havoir eu et receu des dessus dis maieur et eschevins par
le main Colard du Gard grand compteur dicelle ville, et tous autres a
qui quittance en appartient. Et a tout che que dessus est dit serment
tenir, enteriner et acomplir, delivrer, despeechier, garaindir et faire
goir, adplenir, paisiblement. Et pour vendre tous couls, frais que mis
y seroient par le défaut de che, a ladite demiselle Ysabel obligié et
oblige luy, ses hoirs, tous ses biens et les de ses hoirs, mœubles, cateuls
et hiretages presens et avenir, pour estre prins, vendus et exequtes
par tout sans meffait jusques ad l'acomplissement, garandison et ente-
rinement de che que dessus est dit. Renunchans ladite demiselle Ysabel
par le foy et sairement a toutes fraudes, barres, cauteles, cavillations
et decevances, à tout aide de droit escript et de fait, au droit disant
general renunciation non valoir. Et a toutes autres choses qui aidier et

oo

valoir luy porroient a aler contre le teneur de ches lettres et le porteur
dicelles grever ou nuire, si comme elle a recongnut.

Tout che nous ont li dit auditeur tesmoingnié par leurs seauls. Et
nous a leur tesmoingnage avons mis a chés lettres ledit seel de Baillie,
saulf le droit du roy notre sire et lautruy en tout. Che fu fait le dou-
sième jour de Juillet l'an de grace M C C C $\underset{\text{IIIJ}}{\text{XX}}$ IX.

*Origin. parchemin. — Archives municipales de la ville d'Amiens. Inventaire
AA 1. Registre aux chartes. f. 88.*

CONTRAT DE MARIAGE de Pierre Grenet et de Marie Obré.

22 JUILLET 1714

Par devant les Notaires Royaux en la ville et Bailliage d'Amiens
soussignés furent présens Pierre Grenet, marchand, demeurant en
cette ville, assisté de Firmin le Cointe, maître de l'hotelerie où pend
pour enseigne le Berceau d'or, son oncle, à cause de Marie Catherine
Grenet, sa femme, demeurant audit Amiens, de Jean Grenet, son frère,
laboureur, demeurant au village de Longpré et de Dominique
Rabouille, laboureur, demeurant y, son beau frère, à cause de
Marie Catherine Grenet sa femme, d'une part, et Charles Obré, maître
boullanger, demeurant en cette ville, Nicole Prienneville sa femme,
qu'il autorise a l'éfet (*sic*) des présentes, ce quelle a agréé et Marie
Ulphe Obré leur fille à marier, assistée de vénérable et discret Me Louis
de Bonnaire, prêtre et chapelain de l'église notre d'ame (*sic*) d'Amiens
y demeurant et de Jean Prienneville, maître boullanger audit Amiens,
son cousin germain d'autre part, lesquelles parties pour parvenir au
futur mariage convenu entre les dits Grenet et Marie Ulphe Obré,
lequel au plaisir Dieu se solemnisera en face de notre mère Sainte
Eglise, catholique, apostolique et romaine et auparavant aucuns liens
et promesses d'iceluy ont reconnu avoir fait les déclaration, dons,
traittés et convention ainsy qu'il ensuit: c'est a scavoir de la part du
futur mariant, ladite Obré de l'avis de ses père et mère a déclarée se
convenir des personnes et biens du dit Grenet, lesquels biens se mon-
tent à deux mille cinq cent livres sans qu'il soit besoin d'en faire plus
ample déclaration et de la part de la future épouse ses dits père et
mère lui ont donné en faveur dudit mariage la somme de sept cent
livres en argent comtant qu'ils ont promis fournir à leur dite fille solidairement l'un pour l'autre et un seul pour le tout la veille des noces ;
plus donnent sous lad. solidité avec promesse de faire jouir, bonvalloir

et garantir a leur fille en avancement d'hoirie et de leur future succession ce acceptante de l'autorité de son dit futur époux, un marché de terre scitué au terroir de Pierrego et ses environs, afermé à Adrien Caperon, laboureur audit lieu, à la redevance de vingt-sept setiers de blé, mesure de cette ville, par chacun an, lequel marché soit le thiers de celui appartenant audit Obré pour en jouir de ce jourd'huy en toute propriété et à toujours à la charge des cens ordinaires pour l'avenir et en toucher la redevance qui doit échoir au jour de Saint-André prochain : au pardessus de quoi ils ont promis, habillée leur dite fille pour le jour dudit mariage selon sa condition et néanmoins à leur discrétion, plus de luy fournir dans le jour de Saint Jean-Baptiste prochain, soixante aunes de toile de ménage et en outre pour le jour dudit mariage, une marmite, un chaudron, une crameillée, une pelle à feu, une paire de pince et douzaine et demy de serviette, traitant duquel mariage il a été arrêté que les futurs conjoints seront communs en biens, que dans la future communauté il arrivera de chacun côté des biens qu'ils portent la somme de sept cent livres, et que le surplus de leurs autres biens leur tiendront nature de propre et à leurs héritiers des costé et ligne, que ce qui leur écherra durant la dite communauté, soit par donation, succession ou autrement, tant en ligne directe que collatérale leur tiendront pareillement nature de propres et leurs dits héritiers de chacun costé, le survivant des futurs mariants, si c'est ledit sieur Grenet, il aura et remportera par préciput hors et avant part tous ses habits et linges servant à son usage, son lit garny avec sa chambre étorée et si ladite Obré survit ledit futur époux ou autrement arrivait dissolution de communauté, elle aura aussy par préciput soit qu'elle appréhende ou renonce à la dite communauté, tous ses habits et linges à son usage, son lit garny, bagues et joyaux avec sa chambre étorée et en cas de renonciation à la dite communauté, elle aura pour son droit de raport la somme de sept cent livres par elle mise en communauté, si aura le Douaire coutumier sous lesquelles conditions ledit mariage prendra perfection et pour être par lesdites parties respectueusement condamnées faire aux clauses ci devant reprises, ils ont fait et constitué leur procureur le porteur de ces présentes, auquel ils ont donné pouvoir de ce faire et d'en accorder sentence pardevant les Juges qu'il appartiendra. Fait et passé audit Amiens l'an mil sept cent quatorze, le vingt-deuxième jour de Juillet après midy et ont les dites parties signé et fait leurs marques ordinaires à l'égard de ceux qui ont déclaré ne pouvoir écrire de ce interpellés par les dits notaires et controlé. Ce 27 Juillet 1714, par de Ligny et quittancé le 11ième 9bre audit an.

Archives du dép. de la Somme. Titres de famille : Grenet. — E. 292.
Copie informe.

CONTRAT DE MARIAGE entre François Marie Perache, ci-devant gendarme de la garde et Marie Antoinette Baillet.

Par-devant les Notaires du Roy en la Ville et le Bailliage d'Amiens, soussignez, furent présens le sieur François Marie Perache, écuyer, cy-devant gendarme de la garde, fils des deffunts maître François Perache, avocat au Parlement de Paris et de dame Marie de Lhommel, demeurant au hameau de Crétolle, paroisse de Hengleville en Caux, en ce jour en cette ditte ville d'Amiens pour luy et en son nom d'une part,

Le sieur Etienne-François Baillet, négociant en cette ditte ville d'Amiens y demeurant, demoiselle Barbe Caverois son épouse, de luy authorisée à l'effet des présentes, laquelle authorité elle a agréé, stipulant pour demoiselle Marie Antoinette Théodore Baillet leur fille majeure coutumière demeurante avec eux, à ces présentes, comparante et consentante pour elle et en son nom, d'autre part,

Lesquels en la présence, et de l'avis de leurs parens et amis cy-après nommés, savoir de la part du sieur futur époux, de Dompierre, conseiller du Roy et son procureur en l'élection d'Abbeville y demeurant, son cousin ; ..... du sieur Dompierre de la Mothe, officier au régiment royal cavallerie aussy cousin, du sieur Paul Antoine François Perache, capitaine de la compagnie détachée du Crotoy et de dame Marie Catherine Groul du Boval son épouse demeurant audit Abbeville, ses frère et belle-sœur, de noble et discret Maître Louis Michel Dargniez, prêtre, docteur de Sorbonne, chanoine et pénitencier de l'Eglise cathédrale de cette ditte ville d'Amiens......... du sieur Barthelemy Midy, négociant, et ancien eschevin et de dame Elizabethe Kitte, son épouse, amis.

Et de la part de la demoiselle future épouse, du sieur Etienne François Nicolas Baillet, jeune homme, de demoiselle Catherinne Thérèse Baillet, fille, ses frère et sœur, d'honorable homme François Decourt, négociant, ancien eschevin et juge consul de cette ditte ville, grand oncle paternel, etc..... des demoiselles Marie Heleine Colette Desprez et Roze Josèphe Quignon, amyes, tous demeurans en cette ditte ville d'Amiens,

Ont fait et arrêté les traités, accords et conventions de mariage qui suivent,

Savoir que le dit sieur Perache a promis prendre la ditte demoiselle Baillet de son consentement par nom et loy de mariage dont les cérémoniës seront célébrées en face de notre Mère Sainte Eglise incessamment :

Seront les futurs époux communs en tous biens meubles et conquêts immeubles suivant la coûtume dudit bailliage d'Amiens, au désir de laquelle leur future communauté sera regye et gouvernée, encore que par la suite ils fissent leur demeure ou des acquisitions en pays de loy, coûtume ou usage contraires aux dispositions desquelles est expressément dérogé et renoncé ; convenu expressément que pour plus grande sureté de l'exécution de la ditte clause, qu'en cas que le dit futur époux fit des acquisitions pendant ledit mariage dans les pays et coutumes qui ne reçoivent pas la Communauté, à l'effet d'empêcher ladite future épouse d'y prendre part, en ce cas ledit futur époux ou ses héritiers seront tenus de fournir et payer à la ditte future épouse ou à ses héritiers la valleur de la moitié des dittes acquisitions, eu égard au temps du décès du premier mourant, dérogeant à toutes coûtumes qui pourroient en cela être contraires à celle dudit Amiens, à laquelle ils se soumettent, quelque autre domicile qu'ils puissent se choisir pendant leur mariage qui n'auroit point été fait ny contracté, et cessant les dérogations et renonciations cy dessus, et notamment à la coutume de Normandie.

Ne seront néanmoins pas tenus des dettes et hypothèques l'un de l'autre faittes et contractées avant la célébration dudit futur mariage et s'il y en a, elles seront payées et acquittées par celui des dits futurs époux qui les aura faittes et contractées et sur ses biens sans que ceux de l'autre ny de la ditte communauté en soient aucunement tenus, ny chargez.

Les biens du dit futur époux consistent dans le fonds et la propriété d'une ferme consistante en bâtiments, écuries, granges, pressoirs, bergeries, colombier, jardin, lieu pourpris et enclos de la continence de deux cens quarante cinq accres en tout avec une autre petite ferme y joignante et le nombre de..... terres à labour en dépendant, le tout situé dans la paroisse de Bulot au pays de Caux en Normandie, produisant annuellement deux mille cinq cents livres et actuellement occupé par le sieur Lavoisier,

D'une autre ferme au même canton situé (sic) audit hameau de Crétolle par luy acquise depuis trois ans aux environs, se consistante en maison pour logement de maître, autres maison et bâtimens pour le fermier, avec granges, écuries, scellier, bergeries, colombier et autres commodités, et le nombre de soixante dix acres des dites terres aussy à usage de labours, desquelles soixante quatre affermez au fermier, produisans annuellement sept cens livres, les six autres dépendans d'une petitte ferme joignante à cette dernière reservez avec les plans et enclos au dit sieur futur époux ;

De deux mazures amasées ; et de quelques terres à labours y atte-
nantes et d'une petitte maison sise au même endroit produisantes
annuellement deux cents livres ;

De deux journaux de terres à usage d'aire, aux village et terroir de
Fontaine-sur-Somme-lez-Abbeville, produisans annuellement cinquante cinq livres et affermez au nommé Chevallier ;

D'une rente de quarante livres avec principal de huit cens livres à
luy düe par le sieur Baillon, avocat en parlement et ancien maire de
Montreüil.

Et finallement en meubles meublans, argenteries, et autres bons
effets jusqu'à concurrence d'une somme de quatre mille livres.

Déclare ledit sieur Perache futur époux que les biens cy dessus
énumérez sont chargez de vingt six mille livres de rente en principaux
par luy pris pour parvenir aux acquisitions dont est cy-devant parlé :
dont du tout les dits sieur et demoiselle Baillet sont contens pour
en avoir une connaissance suffisante.

En faveur dudit mariage lesdits sieur et damoiselle Baillet icelle
authorisée comme dessus, constituent en dot à la ditte damoiselle leur
fille la somme de vingt mille livres laquelle somme ils ont présentement
payé comptant, réellement délivrée en bonnes espèces à la vüe desdits
notaires au dit sieur futur époux qui les en quitte, décharge et remercie ;

Plus les dits sieur et d^{elle} Baillet ont également donné en
faveur du même mariage, a la dite demoiselle leur fille pour accommo-
dements et étorances une somme de mille livres, de laquelle ledit futur
époux les quitte et décharge pareillement.

Des biens desdits futurs époux entrera en la ditte communauté les
meubles, effets, mobiliers et argenteries, cy-dessus déclarez montant (?)
a la somme de quatre mille livres. ensemble les mille livres pour éto-
rences. Le surplus ensemble ce qui adviendra et eschoira pendant
ledit mariage à chacun d'eux en meubles ou immeubles par succession,
donation, legs ou autrement en ligne directe ou collatérale leur sera et
demeurera propre et aux siens de son côté et ligne pourquoy employ
sera fait dudit surplus. Et de ce qui pourra écheoir de nature de mobilier en constitution de rente ou achats de fonds réels pour sortir
pareille nature de propre que dessus aux futurs époux et aux leurs de
chacun leur côté et ligne ;

En cas de vente ou aliénation de biens propres le prix en provenant
sera remployé au proffit de celuy des dits futurs époux de qui l'immeuble vendu et aliéné procédait, au deffaut d'employ et remploy la
reprise s'en fera sur les plus clairs deniers de la ditte communauté s'ils
sont suffisans, sinon ce qui s'en deffaudra à l'égard de la ditte future
épouse, sera repris sur les biens même propres dudit futur époux et

seront les reprises et actions pour raison d'icelles propres auxdits futurs époux et à leurs héritiers de côté et ligne et censées immobilières ;

Le dit futur époux survivant, il aura et remportera hors et avant part ses habits et linges à son usage, ses armes, canne, montre, deux chevaux et sa voiture, s'il y en alors, son bon lit garny, et sa chambre étorée suivant l'usage de cette ditte ville ;

Au cas contraire, la ditte future épouse survivante, elle aura hors et avant part et sans charge de dettes ses habits, linges à son usage, bagues, joyaux, dorures, montre, toilette, deux chevaux et chaise roullante, s'il y en alors, son bon lit garny et sa chambre étorée aussy suivant l'usage de cette ditte ville ;

Sera loisible à ladite future épouse d'appréhender ou renoncer à la ditte communauté et en cas de renonciation, elle aura en outre ses propres et préciputs cy-dessus stipulez, la somme de quatre mille livres par elle mise en laditte communauté pour son droit de rapport ;

Ledit futur époux a douée et doue la ditte future épouse de mille livres de rente viagère pour son douaire préfix à prendre sur tous ses biens, quand douaire aura lieu au cas où il n'y aurait point d'enfans vivans issus et procréés dudit futur mariage, et de cinq cens livres seulement pour le douaire au cas où il y auroit enfans vivans issus dudit futur mariage, lorsqu'il auroit lieu ;

Veut, consent et accorde ledit futur époux que la ditte future épouse puisse faire telles dispositions testamentaires qu'elle jugera à propos par la suite au profit de telles personnes que ce soit, et toutes fois et quant l'authorisant spéciallement à cet effet par les présentes, la dispensant formellement et sans par elle être tenüe de demander à cet effet nouvelle authorisation dudit futur époux, ainsy que pour la pleine et entière exécution des clauses, charges, conditions et stipulations cy-dessus à toutes coutumes à ce contraires et notamment à celle de Normandie :

Pour toutes les clauses et conventions du présent contrat de mariage, l'hypothèque est établie de ce jourd'huy sur tous les biens dudit futur époux, car ainsy les comparans sont convenus.

Fait et passé audit Amiens en la maison dudit sieur Claude Alexis Baillet. Le quatorze décembre mil sept cent cinquante-un, sur les cinq heures du soir.

Et ont les comparans signé avec les dits nottaires en la Minutte demeurée à maître Léonore Scribe, l'un d'eux, les édits royaux notifiez.

Controllé à Amiens le vingt-deux décembre mil sept cens cinquante-un par de Semery qui a reçu ses droits.

Expédié et délivré conforme par les notaires royaux en la ville et bailliage d'Amiens soussignez, le vingt deux décembre mil sept cens cinquante-un.

Signé : TURBERT et SCRIBE.

Arch. du départ. de la Somme. Titres de la famille Perache. — E. 565.

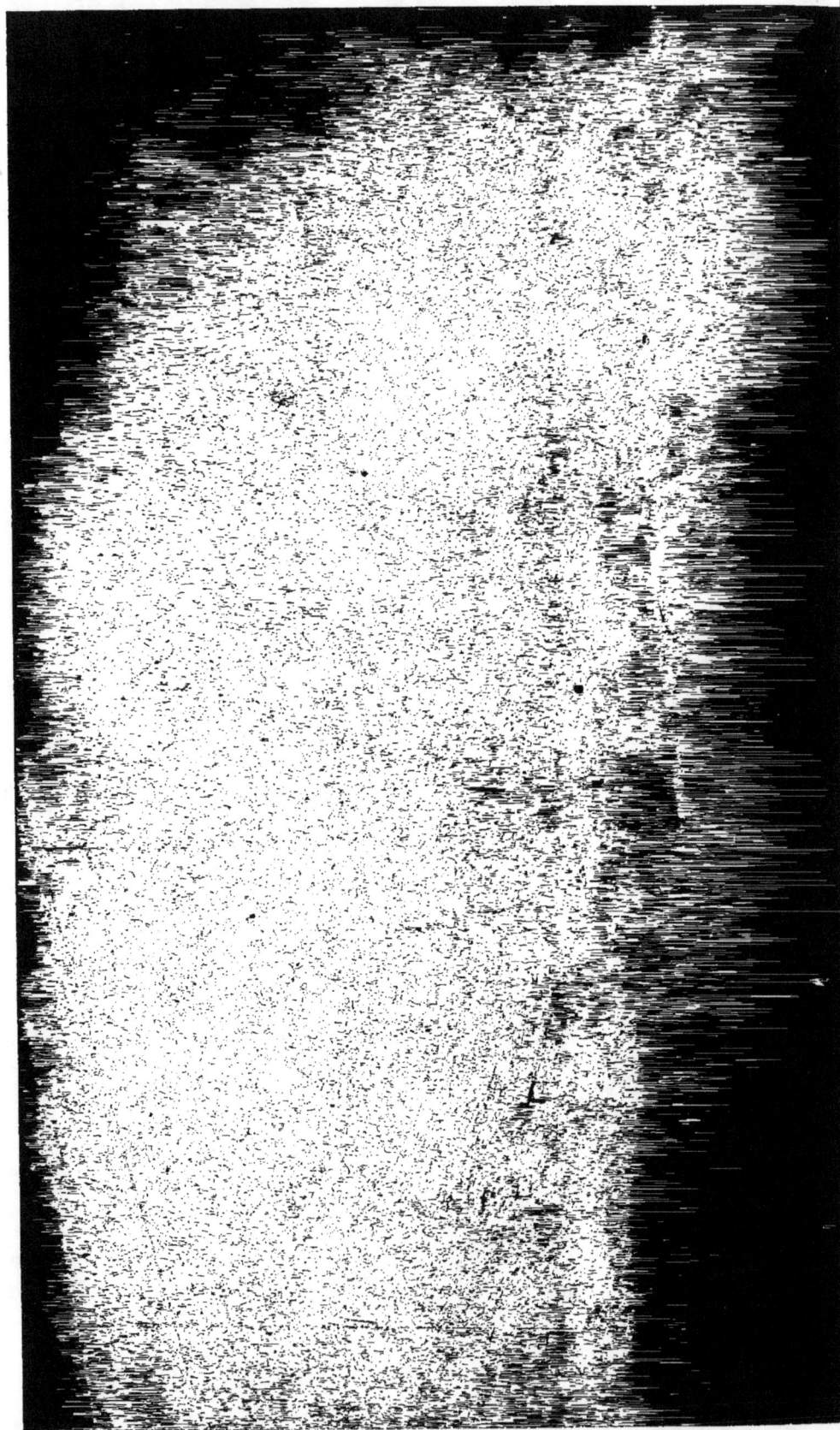